화법·작문 교육론

화법·작문 교육론

박 덕 유

도서출판 역락

* 이 저서는 2003년도 인하대학교 저서발간 연구비 지원에 의하여 발간되었음 (INHA 30804).

머리말

　사회생활에 반드시 필요한 것이 의사소통이다. 화자의 의도를 청자에게 잘 전달할 뿐만 아니라, 효율적인 의사소통이 이루어져야 하는 것은 당연한 일이다. 이러한 의사소통의 수단은 말과 글이다. 말을 잘 하고, 글을 잘 쓸 수 있는 능력, 특히 주어진 문제에 대하여 논리적으로 사고를 전개하여 효과적으로 정보를 전달하거나 설득하는 텍스트를 생산하는 화법·작문 능력은 21세기를 살아가는 사람들이 기본적으로 갖추어야 할 가장 기본적인 기능 중의 하나이다. 다시 말해서 음성언어와 문자언어를 통하여 자신의 의사를 표현하고, 다른 사람들과 의사를 소통하며, 새로운 의미를 발견하고 창조하는 기능인 것이다. 화법과 작문의 원리 및 기능은 매우 유사하다. 단지 표현 수단이 말과 글이란 차이 외에는 대부분의 특성과 기능이 유사하다. 이에 본서는 화자의 의사 표현 행위로서의 화법과 작문의 특성을 바르게 이해하는 데 중점을 두었으며, 그 과정에서 필요로 하는 기본적인 원리를 이해시키고자 했다. 나아가 이런 기본적인 이론을 통해 실제 말하고 작문할 수 있는 능력을 배양시키는 데 중점을 두었다. 따라서 화법 및 작문의 이론과 실제를 통해 자기의 사상과 감정을 효과적으로 표현할 수 있게 했다.
　본서는 우선 화자의 표현 수단인 말과 글의 가장 기본적인 정서법의 원리와 구상의 원리를 제시하였다. 그리고 이러한 원리를 바탕으로 화법과 작문의 실제를 통해서 여러 종류의 글을 직접 말하고 지어봄으로써 화법 및 작문 능력을 완성시켜 나가도록 하였다. 화법의 실제 중 특히 대화 부분에 관련된 여러 가지 상황들을 제시하였다. 이는 화법

교육론에 있어서 가장 중시되는 부분이면서도 현행 화법론에서 대체로 제외되고 있기 때문이다. 그리고 작문은 사회생활과 밀접한 관련을 가지므로 누구나 자신의 생각과 견해를 글로써 상대방에게 전달해야 하므로 이에 대해서도 유의해야 할 것이다. 이외에 우리가 사회 생활을 하면서 필요한 실용적인 글쓰기를 통해서 실질적인 효과를 얻을 수 있도록 했다.

학교에서 화법교육과 작문교육을 하는 데 많은 문제점이 따를 것이다. 교사가 감당해야 할 학생 수가 너무 많고, 입시 위주의 수업으로 화법과 작문 시간은 파행적으로 운영될 수 있다. 그러나 화법교육과 작문교육은 더욱 중시되고 강화되어야 한다. 화법 및 작문 교육은 말을 하고 글을 쓰는 전체적인 과정을 통해서 논리적이고 체계적이며 다치적인 사고를 습득하는 것으로 사회 생활을 해 나가는 데 반드시 필요하기 때문이다. 특히 정보화 시대에 학생들이 보다 인간적이고 창조적인 생활을 영위하는 데 있어 필수적이라 할 수 있다.

화법·작문 교육은 의사 표현 행위로서의 특성을 바르게 이해하고, 그 과정에서 필요로 하는 기본적인 원리를 이해하며, 상황에 맞게 사상과 감정을 효과적으로 표현할 수 있게 함으로써 비로소 목표에 도달할 수 있는 것이다. 따라서 본서를 통해서 화법·작문 교육의 올바른 원리를 익힘으로써 학생들을 지도하는 데 도움이 됨은 물론, 보다 정확한 말하기, 글쓰기 능력을 갖추어 복잡한 현대 사회 속에서 자기의 사상과 감정을 효과적으로 표현할 수 있으면 한다. 끝으로 이 책이 나오기까지 여러 가지로 편의와 도움을 아끼지 않은 역락출판사 이대현 사장님과 조혜진 편집자께 감사를 드린다.

2003년 11월 20일
지은이 씀

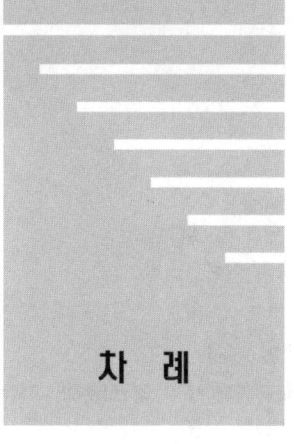

차 례

제1장 제 7 차 국어과 교육과정의 편제와 특징 —————— 11

제2장 화법의 개념과 성격 ————————————————— 13

   Ⅰ. 화법의 개념과 성격 · 13
      1. 화법의 개념 … 13
      2. 화법의 성격 … 16
      3. 화법의 목표 … 18
      4. 화법의 기능 … 18
   Ⅱ. 화법의 내용 · 21
      1. 화법의 내용 체계 … 21
      2. 영역별 내용 … 23
   Ⅲ. 교수·학습 방법과 평가 · 27
      1. 교수·학습 방법 … 27
      2. 교수·학습 평가 … 29
   Ⅳ. 말의 성격과 중요성 · 36
      1. 언어의 성격 … 36
      2. 음성언어와 문자언어 … 38
      3. 말의 중요성 … 38
      4. 말의 효과 … 40

제3장 작문의 개념과 성격 ————————————————— 43

   Ⅰ. 작문의 개념과 성격 · 43
      1. 작문의 개념 … 43

  2. 작문의 성격 … 44
  3. 교과학습과 작문 … 45
  4. 작문의 목표 … 47
 Ⅱ. 작문의 내용 · 48
  1. 제7차 교육과정 쓰기 및 작문의 내용체계 … 48
  2. 작문의 내용 … 50
  3. 작문의 방법 … 58
  4. 작문의 평가 … 63
  5. 제6차 교육과정과의 차이점 … 65

제4장 정서법의 원리 ──────────── 69

 Ⅰ. 맞춤법과 표준어 · 70
  1. 맞춤법 … 70
  2. 표준어 … 85
  3. 표준발음법 … 89
 Ⅱ. 정확한 단어와 어휘의 사용 · 102
  1. 정확한 단어 … 102
  2. 어휘 선택의 적절성 … 103
  3. 외래어 … 113

제5장 구상의 원리 ──────────── 117

 Ⅰ. 주제와 주제문 · 118
  1. 주제의 설정 … 118
  2. 주제문의 작성 … 120
 Ⅱ. 자료의 수집과 정리 · 122
  1. 소재와 제재 … 122
  2. 소재와 주제 … 123
  3. 주제와 제목 … 124
  4. 자료의 수집 … 125
  5. 자료의 정리 … 127
 Ⅲ. 구성 및 개요 작성(구상) · 129
  1. 구성 … 130

    2. 개요 작성 … 132
    3. 수업의 실제 … 139

제 6 장 ┃ 화법의 실제 ─────────────── 145

  Ⅰ. 화자와 청자의 관계에 따른 화법 · 145
    1. 대화화법 … 145
    2. 대화화법의 실제 … 148
    3. 면접 … 164
    4. 연설 … 166
    5. 토의 … 172
    6. 토론 … 175
    7. 회의 … 176

  Ⅱ. 의사소통의 상황에 따른 화법 · 177
    1. 화법과 예절 … 177
    2. 소개 … 181
    3. 축하 … 181
    4. 문병 … 182
    5. 문상 … 183
    6. 조언 … 183
    7. 만남과 헤어짐 … 184
    8. 전화 … 185
    9. 전자편지 … 186

제 7 장 ┃ 작문의 실제 ─────────────── 187

    1. 보고문 쓰기 … 187
    2. 기사문 쓰기 … 191
    3. 서간문 쓰기 … 193
    4. 일기문 쓰기 … 200
    5. 기행문 쓰기 … 204
    6. 식사문 쓰기 … 206
    7. 이력서 쓰기 … 208
    8. 자기소개서 쓰기 … 210

▣ 참고문헌 · 219   ▣ 찾아보기 · 223

제 1 장

제 7 차 국어과 교육과정의 편제와 특징

　화법과 작문의 개념을 살펴보기 전에 고등학교 국어과 교육과정을 제6차와 제7차를 비교하여 살펴보고자 한다. 우선, 제6차에서 제시하고 있는 '화법'과 '작문'의 내용은 다음과 같다.

　보통 교육을 주로 하는 일반계 고등학교는 2학년부터 인문·사회 과정, 자연 과정, 직업 과정 및 기타 필요한 과정을 둘 수 있다. 단 직업 과정으로의 변경은 3학년에서도 가능하다. ( )안의 숫자는 단위 수이며, 1단위는 매주 50분 수업을 기준으로 하여 1학기(17주) 동안 이수하는 수업량을 말한다.

【표 1-1】 제6차 국어과 교육과정

교과	공통 필수 과목	과정별 필수 과목	과정별 선택 과목
국어	국어(10)	화법(4), 독서(4), 작문(6), 문법(4), 문학(8)	과정별 필수 과목에서 제외된 교과목 중에서 선택(8)

　그러나 제7차 교육과정에서는 국어생활(일반선택과목)을 새로 만들어 선택과목의 폭을 확대하였다. 필수과목은 '국어' 한 과목뿐이다. 이에

대한 자세한 사항을 표로 보이면 다음과 같다.

【표 1-2】 제7차 국어과 교육과정

교과	국민공통기본과목	일반선택과목	심화선택과목
국어	국어(8)	국어생활(4)	화법(4) 독서(8) 작문(8) 문법(4) 문학(8)

　　제7차 국어과 교육과정에서는 선택(일반선택, 심화선택 등) 과목을 확대하였고, 필수과목은 '국어' 한 과목으로 제한하여 10학년(고등학교 1학년)에서 이수하도록 하였으며, 선택과목은 11, 12학년(고등학교 2, 3학년)에서 이수하도록 하였다. 제6차와의 차이는 '국어' 과목이 10단위였던 것이 8단위로 줄어든 반면, '독서' 과목은 4단위에서 8단위로 대폭 확대되었으며, '작문' 과목도 6단위에서 8단위로 늘어났다. 화법 과목은 필수에서 선택으로 바뀌었을 뿐, 이수 단위는 4단위로 동일하다.

제 2 장

화법의 개념과 성격

I. 화법의 개념과 성격

1. 화법의 개념

　화법이란 화자와 청자 간의 음성언어를 매체로 하는 의사소통[1] 과정에서 효과적인 방법이나 원리로 종합적이고 고차원적인 표현과 이해력을 나타내는 것이다. 여기서 중심매체로서의 의사소통 행위는 화자 자신이 청자인 경우로 자신이 묻고 대답하는 내적 의사소통(intrapersonal communication), 화자와 청자의 두 사람 이상이 대면하여 의미를 공유하는 대인 의사소통(interpersonal communication), 조직 내 의사소통 흐름 체계를 파악하고 이것이 조직의 목적 달성에 어떻게 작용하는가를 살피는 조직 의사소통(organizational communication), 그리고 대량매체를 이용한 메시지 전달과 이것의 사회적 영향에 관한 내용을 다루는 대량 의

---

[1] 의사소통(意思疏通)은 영어로 'communication'으로 인간들이 서로 정보·지식·의견 등을 공통화 또는 공유화하는 행위로 의사를 전달하는 행위, 의사의 소통 행위, 의사·태도·행동 등에 영향을 미치는 행위로 본다<차배근(2002)>.

사소통(mass communication)으로 구분할 수 있다<임칠성 역(1995)>.

그리고 의사소통의 특징을 임영환 외(1996)은 다음과 같이 소개하였다.

(1) 사람은 의사소통 없이는 존재할 수 없다. 사람의 모든 행위가 의사소통적 가치를 지니며, 어떤 방식으로든 다른 사람에게 영향을 주고 또 그들은 영향에 대한 반응을 보여준다. 그리고 우리 자신이 의도하지 않아도 의사소통은 일어나게 마련이다. 언어적이건 비언어적이건 항상 의사소통은 이루어진다.

(2) 의사소통은 닭과 달걀처럼 서로 중단되지 않는 의미 교환의 흐름이라는 점이다. 의사소통을 단순한 인과 관계에 입각한 자극과 반응, 작용과 반작용, 송신과 수신, 시작과 끝으로만 받아들여서는 안 된다. 자신에게 원인으로 생각되는 것이 상대방에게는 결과로 인식될 수도 있으며, 이는 다시 원인으로 작용한다. 따라서 의사소통은 일회적으로 끝나는 것이 아니라 지속적으로 의미를 전달하는 상호 교섭의 과정이다.

(3) 의사소통은 내용층위와 관계층위로 이루어진다는 점이다. 내용층위는 전달하려는 정보 자체를 의미하며, 관계층위는 화자와 청자의 관계를 규정해 준다. 관계층위는 의사소통 당사자들이 어떠한 태도를 취해야 하는지 알려 주는 역할을 한다.

(4) 의사소통은 사람 사이의 관계를 전제로 한다는 점이다. 사람들의 관계는 동등하거나 동등하지 않은 관계를 형성하게 마련이다. 이러한 관계는 의사소통의 방식이나 태도 등에 영향을 미친다.

이러한 의사소통에 대해 이옥련·민현식(1996)은 관계요소(화자, 청자 관계에서 상호 간에 이루어지는 행위), 수단요소(의사소통의 내용인 메시지가 언어나 비언어적 수단), 목적요소(궁극적으로 상호 이해를 수립하거나 영향을 끼치려는 과정이나 행위)로 설명하였으며, 찰스 라이트(1922)는 커뮤니케이션은 실용적 기능 외에도 인간을 기쁘게 하는 기능도 담당하고 있다고 하고, 이에 대한 순기능과 역기능을 보다 구체적으로 분류하여 제시하였다.

(1) 환경 감시 기능
    ① 순기능 : 주위 사건에 대한 정보 습득, 여론의 관리 및 조정
    ② 역기능 : 세상의 위험스런 상황에 대한 걱정 고조, 자아 몰입
(2) 문화 전수 기능
    ① 순기능 : 자기문화를 풍요롭고 다양하게 함, 문화의 계승 및 발전
    ② 역기능 : 문화적인 다양성과 창의성 저해, 인류문화 발전 저해
(3) 사회 결합 기능
    ① 순기능 : 사회 통합과 사회적 결속을 공고히 함, 공동사회의 유지와 발전
    ② 역기능 : 비판적 능력 약화, 인간성 침해
(4) 오락 기능
    ① 순기능 : 긴장감 해소와 생활의 재충전, 충분한 휴식
    ② 역기능 : 저속한 문화 탐닉, 지나친 현실 도피<차배근(1988)>

이에 고등학교 교육과정 해설(1997)에서 화법의 개념에 대해 우선, 상호 교섭 작용으로 설명하고 있다. 상호 교섭은 '의미가 협력적으로 창조되며 나선 형식으로 진행되는 성격을 지니고 있음을 뜻한다. 다음으로 화법을 이루고 있는 요소로는 화자, 청자, 메시지, 장면으로 이는 화법의 과정을 구성하고 있으면서 화법의 과정에 중요한 영향을 끼치는 요인을 뜻한다.

화법의 종류에 대해 이옥련·민현식 외(1996)은 다음과 같이 분류하였다.

(1) 목적에 따른 분류 : 정보적, 교육적, 오락적, 설득적 화법
(2) 메시지 기호에 따른 분류 : 언어적, 비언어적(몸짓) 화법
(3) 매체 종류에 따른 분류
    ① 대중 매체 화법(전파 매체 화법)
        ㉠ 청각 화법 : 라디오

　　　　　ⓒ 시청각 화법 : 텔레비전, 시청각 매체
　　　② 특수 화법(전자 화법) : 전화, 화상 대담
　　　③ 대인 커뮤니케이션(육성 매체 화법)
　　　　　㉠ 공적 화법 : 대중 연설
　　　　　ⓒ 사적 화법 : 대화

그리고 화법의 또 다른 분류로 다음과 같이 분류할 수 있다.

　　(1) 형식적 기준
　　　① 전달 수준에 따라
　　　　　㉠ 육성화법(대면화법) : 대화, 대담, 토의, 토론, 회의
　　　　　ⓒ 매체화법(전파화법) : 방송, 전화, 영상회의, 영상대담
　　　② 화자와 청자의 상관성에 따라
　　　　　㉠ 상관적 화법 : 대담, 좌담, 토의, 토론, 회의
　　　　　ⓒ 단독적 화법 : 독백, 보도, 낭독, 연설, 강연
　　(2) 내용적 기준
　　　① 주제 내용에 따라
　　　　　㉠ 칭찬화법(격려) - 비판화법(꾸중, 책망)
　　　　　ⓒ 호소화법(권유, 청탁, 부탁) - 사절화법(거절)
　　　　　ⓒ 변호화법(변명, 해명) - 반박화법(항의)
　　　　　㉢ 친교화법 : 소개화법(자기소개, 타인소개), 인사화법(일상인
　　　　　　　　　　　사, 세배, 축하, 문병, 문상)
　　　② 표현방식에 따라
　　　　　㉠ 직설화법 : 직접적, 구체적 표현을 위주
　　　　　ⓒ 완곡어법 : 간접적, 우회적, 비유적 표현을 위주

2. 화법의 성격

　　화법교육은 '국어' 과목의 교육 성과를 바탕으로 말하기와 듣기의 특성과 원리를 이해하고, 말하기와 듣기의 기능을 체계적으로 습득하

며, 다양한 의사소통 상황에 능동적으로 대처할 수 있는 기능과 태도 및 습관을 형성하게 한다.

'말하기', '듣기' 능력은 음성언어를 통하여 자신의 사상과 감정을 표현하고, 다른 사람의 사상과 감정을 이해하는, 의사소통의 중추적인 기능이다. 말하기, 듣기 능력에는 말할 내용의 선정과 조직은 물론이고 그 내용을 표현하고 전달하는 능력이 포함되며, 다른 사람의 말을 이해하는 데 필요한 이해 능력이 포함된다. 이러한 말하기, 듣기 능력은 사회생활에서 성공적인 삶을 영위하는 데 필수적으로 요구되는 능력으로서, 사회가 전문화되고 복잡해질수록 그 중요성이 더욱 증대된다. 특히, 화법은 공식적인 말하기도 중요하지만, 일상적인 대화에서 사용하는 것이기 때문에 학습자는 원만한 대인관계와 나아가 정확한 의사전달법의 일환으로 사회생활을 잘 행할 수 있어야 한다. 따라서 제7차의 화법 교육은 제6차에서 강조한 화법에 관한 지식, 기능, 태도 외에도 문화적 맥락의 화법을 강조하고 있다.

(1) 제6차 : 다양한 의사소통 상황에 능동적으로 대처할 수 있는 화법에 관한 지식, 기능, 태도를 학습
  ① 국어 과목에서 말하기, 듣기 영역 내용의 심화
  ② 필수과목
  ③ 화법의 본질, 원리, 실제의 3부분으로 구성
(2) 제7차 : 제6차 성격 외에 화법과 문화적 맥락의 관련성 강조
  ① 국어 과목에서 말하기, 듣기 영역 내용의 심화
  ② 심화 선택과목
  ③ 화법의 이론과 실제로 구성

'화법의 이론'에서는 의사소통이 이루어지는 상황과 관련지어 자신의 의사를 표현하는 과정과 다른 사람의 말을 이해하는 과정이 敎授·學習의 중심 내용이 된다.

'화법의 실제'에서는 화법의 본질과 원리를 바탕으로 다양한 의사소통 상황에서 실제로 표현하고 이해하는 활동을 해 나가는 것이 교수·학습의 중심 내용이 된다.

3. 화법의 목표

화법교육의 목적이 사고를 음성언어로 표현하고 이해하는 능숙성과 화법의 일반규칙과 관습에 대한 통달 등에서 나아가 상대와 자신의 인간관계에 대한 인식과 조절 능력, 의사소통 상황을 적절히 고려할 수 있는 사회적 인지능력, 여러 가지 정보를 종합하여 판단하는 통합적 사고력 및 통찰력 등을 신장시키는 데에 있다고 했다. 이에 화법 과목의 목표는 정확하고 효과적인 국어사용의 원리와 작용 양상을 익혀, 다양한 유형의 국어 자료를 비판적으로 이해하고 사상과 정서를 창의적으로 표현하는 능력을 기른다는 목표에 준하여 음성언어로 사상과 정서를 즐겨 표현하고 이해하는 태도를 기르며, 삶을 함께 공유하는 의사소통 행위로서의 화법의 본질을 이해하게 하고, 목적, 대상, 내용, 상황을 고려하여 효과적으로 말하고 듣는 능력을 신장하게 하며, 화법의 중요성을 인식하고, 바람직한 화법문화를 형성하게 한다.

 (1) 제6차 : 화법 능력 신장을 위한 지식, 기능, 태도 관련 목표
 (2) 제7차 : '전문'과 화법교육의 내용(지식, 기능, 태도)으로 구조화

4. 화법의 기능

화법의 기능은 곧 의사소통 과정에 대한 것으로 화자와 청자 간에 설명되는 언어의 기능과 같다. 가장 기본적인 기능으로 표현과 이해의

수단으로서의 기능을 들 수 있다. 화법은 음성언어를 통해 화자와 청자 및 전하고자 하는 내용에 따라 적절하고 효과적으로 말하고 듣는 것이다. 따라서 화법은 의사소통 과정으로서의 말하는 과정과 듣는 과정을 이해하고, 각 과정에 따라 표현하고 이해하는 데에 기초가 되는 지식을 배운다. 그리고 실제로 필요한 능력을 기르며 여러 가지 의사소통 상황에 따라 효과적으로 말하고 들을 수 있는 언어능력과 직결된다. 또한, 감화적 의사소통 수단으로서의 화법의 기능을 들 수 있다. 감화적 표현은 비유에 의해 빚어지거나 성급한 단정인 높은 추상에 의해 빚어진다. 매스컴에서는 이러한 비유에 의한 감화적인 표현이 많이 쓰이고 있다. 다음으로 사회 조정과 결합의 수단으로서의 화법의 기능을 들 수 있다. 화법의 본질, 원리, 태도, 그리고 실제 등은 사회의 가치나 규범, 기술, 지식 등 사회에 관한 정보를 내재하고 있다. 사회 구성원들은 여러 가지 문제 상황을 대화나 토의, 토론 등을 통해서 함께 해결해 나가는 방범을 배운다. 그러한 과정에서 자연스럽게 사회 구성원 간의 유대가 강화되고, 사회의 결속을 가져오며, 사회의 급격한 변화를 방지하기도 한다. 또, 사회 구성원들로 하여금 공동규범을 익히게 하여 사회로부터 낙오와 이탈을 방지하기도 한다<고등학교 교육과정 해설(1997)>.

로만 야콥슨(1960)은 그의 논문 "언어학과 詩學"에서 언어의 기능을 여러 가지로 분류하여 설명하고 있다. 여기서 야콥슨이 제시한 언어의 기능을 중심으로 살펴보기로 한다.

우선, 指示的 情報機能(referential · informative function)으로 이는 사물이나 현상 또는 개념 등을 음성기호의 체계로써 전달하는 언어의 기능으로 주제에 초점을 두며, 진술적 명제의 내용을 담는다. 따라서 개념적 의미를 중시한다. 예를 들어 "비가 온다.", "눈이 내린다." 등을 들 수 있다.

둘째로 情緖的 表現機能(emotive · expressive function)은 말하는 화자의 감정상태가 말하는 내용에 대한 화자의 태도를 나타내는 기능으로 화자에 초점을 둠으로써 화자의 감정적 의미를 중시한다. 따라서 감탄, 욕설, 독백, 자문자답, 情意的 長音 등을 들 수 있다 예를 들어 "야! 비가 온다.", "아, 눈이 내리네.", "제기랄, 또 비가 오네.", "커어다란 바위" 등을 들 수 있다.

셋째로 指令的 欲求機能(directive · conative function)으로 화자의 전달된 내용이 듣는 이의 감정, 행동, 이해 등에 미치는 영향을 좌우하는 언어적 기능이다. 이는 청자에 초점을 둠으로써 청자에게 명령 · 요청 · 부탁 등으로 행동에 영향을 미치거나 응답을 바라는 자극과 반응의 관계로 예를 들면, 어머니가 "비가 온다" 하면, 이는 빨래를 걷으라는 요청이다. 화자의 의도가 강할 때에는 직접 명령하는 발화가 이루어져야 하는데, 이는 청자의 기분을 상하게 할 수 있으므로 가급적 지양하는 것이 좋다.

넷째로 親交(社交)的 狀況機能(phatic · situational function)으로 화자와 청자와의 우호적인 유대관계를 유지하기 위하여 상호 의사소통의 통로를 열어주는 기능이다. 따라서 무슨 말을 했는지가 중요한 것이 아니라 말을 한 사실 그 자체가 중요하다. 인사말, 문병인사, 조문인사, 취임사, 고별사 등이 이에 해당되는데, 예를 들어 "진지 드셨어요?", "날씨가 좋군요." 등을 들 수 있다.

다섯째로 關語(上位)的 語彙機能(meta-lingual · lexical function)으로 발화의 내용이 언어기호 자체에 관한 것을 지시하는 경우처럼 언어표현 자체에 대하여 설명하는 언어의 기능으로 이는 일종의 '언어의 언어'로 언어 그 자체를 목적, 대상으로 하여 이를 초월하고 상위에서 나타내는 기능이다. 언어현상을 대상으로 기술하고 설명하려면 언어의 힘을 빌려 변환시켜야 하고, 언어법규(code)에 의거하여 부연 · 설명 · 보충 · 환언하는 것으로 예를 들면, "내 말이 이해가 갑니까?", "잘 모르겠는데요.", '까투리는 암꿩이다, "내 말의 뜻은…" 등을 들 수 있다.

여섯째로 詩的 審美機能(poetic · aesthetic function)을 들 수 있다. 주로 언어의 예술작품에 사용되는 것으로 언어를 통해 미적 가치를 추구하는 기능이다. 감정적 의미와 개념적 의미가 동시에 중시됨으로써 문학작품, 특히 시에 주로 사용되는 것으로 발화 그 자체에 초점을 둔다. 따라서 의사소통의 모든 발화인 메시지에 해당되는 것으로 주제를 포장하고 있는 발화 전체의 내용을 의미한다.

이를 도표로 나타내면 다음과 같다.

【표 2-1】 의사소통의 기능

화자(누가)	메시지(傳言)	청자 (누구에게)
	주제(무엇)	
	접촉(의사소통 수단)	

화자인 '누가'를 중시하는 기능은 정서적 표현 기능이며, 청자인 '누구에게' 해당되는 기능은 지령적 욕구 기능이다. 그리고 주제인 '무엇'을 강조하는 기능은 지시적 정보 기능이며, 주제를 내포한 모든 발화에 해당되는 '메시지(傳言)'는 시적 심미 기능이다. 또한, 화자와 청자 간의 대화의 통로를 열어주는 것으로 '접촉의 수단'이 필요한데, 이에 대한 기능이 친교적 상황 기능이다.

II. 화법의 내용

1. 화법의 내용 체계

우선, 제6차는 ① 교육내용을 화법의 본질, 원리, 실제로 구분, ②

내용체계의 하위내용간의 관련성 부족, 과제중심으로 제시하였다. 이에 제7차는 ① 화법의 이론(본질과 원리 통합)과 실제, ② 내용과 행동의 유기적인 결합, ③ 화법 유형의 적합한 지식, 기능, 태도의 함양을 강조한다. 제6차의 화법이 본질과 원리가 분리되어 이에 대한 지도와 평가가 현장에서 어렵기 때문에 제7차의 화법 내용에서는 이론과 실제로 구성하였다.

그리고 화법교육 내용의 범주화 방식으로 크게 성격 차원과 요소 차원으로 나누어 전자는 구두언어성, 상호작용성, 통합성, 정체성(正體性), 관계성, 문화성 등으로 나누었으며, 후자는 화자, 청자, 메시지, 장면 등의 요소로 세분하였다.

또한, 화법교육 내용의 구조화 관점에서 보면 화법의 본질에서는 의사소통이 이루어지는 상황과 화법에 대한 일반적인 이해가 교수·학습의 중심내용으로 화법의 정의, 여러 수단으로서의 화법의 기능, 그리고 관계와 목적에 따른 화법의 유형에 대한 이해를 들 수 있다. 그리고 화법의 원리에서는 화법의 본질에서 학습한 인지적 지식을 바탕으로 화법의 언어적 배경을 통한 내용의 선정과 조직, 언어적·비언어적 표현과 이해, 화법의 사회적·문화적 배경에서 사회 변인과 언어 그리고 언어예절, 정중어법 등 화법 문화 형성의 토대가 되는 내용을 학습 내용으로 삼았다. 화법의 전략은 효과적인 의사소통, 의사소통상의 문제해결, 시청각 보조자료 등 상황과 맥락에 따라 발생할 수 있는 여러 가지 장애나 갈등을 해결할 수 있는 전략을 학습 내용으로 삼았으며, 화법의 태도에서는 말하는 이의 태도와 듣는 이의 태도를 들었다.

화법의 실제에서는 화법의 본질, 원리, 태도에서 학습한 내용을 바탕으로 다양한 의사소통 상황에서 실제로 표현하고 이해하는 활동을 하는 것으로 대화, 연설, 토의, 토론, 면담 등을 들 수 있다.

[표 2-2] 제7차 화법교육 과정의 내용체계

	화법의 이론	화법의 실제
(1) 화법의 본질	① 화법의 정의 ② 화법의 기능 ③ 화법의 유형	(1) 대화 (2) 연설 (3) 토의 (4) 토론 (5) 면담
(2) 화법의 원리	① 화법의 언어적 배경 　㉠ 내용선정과 조직 　㉡ 언어적, 비언어적 표현과 이해 ② 화법의 사회, 문화적 배경 　㉠ 사회 변인과 언어 　㉡ 언어 예절 　㉢ 정중 어법 ③ 화법의 전략 　㉠ 효과적인 의사소통 　㉡ 의사소통상의 문제해결 　㉢ 시청각 보조자료 이용	
(3) 화법의 태도	① 말하는 이의 태도 ② 듣는 이의 태도	

2. 영역별 내용

1) 화법의 본질

(1) 화법의 정의
　① 상호 교섭 작용으로서의 화법의 개념을 안다.
　② 화법을 이루고 있는 요소를 안다.

(2) 화법의 기능
　① 표현과 이해의 수단으로서의 화법의 기능을 안다.
　② 감화적 의사소통 수단으로서의 화법의 기능을 안다.

③ 사회조정과 결합의 수단으로서의 화법의 기능을 안다.

(3) 화법의 유형
① 말하는 이와 듣는 이 사이의 관계에 따른 화법의 유형을 안다.
② 의사소통의 목적에 따른 화법의 유형을 안다.
③ 의사소통의 상황에 따른 화법의 유형을 안다.

2) 화법의 원리

(1) 화법의 언어적 배경
① 내용의 선정과 조직 : 우선, 화제 설정 방법을 이해하고, 적절한 화제를 설정한다. 그리고 자료의 수집 및 정리 방법을 이해하고, 화제를 표현하는데 적절한 자료를 수집하여 선정한다. 다음으로 내용을 조직하는 일반적인 원리를 이해한다. 그리고 화법의 유형, 목적, 대상 등에 맞게 내용을 조직한다.
　㉠ 이야기의 내용을 선정하고 조직하는 일반적인 원리를 안다.
　㉡ 이야기의 목적·대상·상황 등에 맞게 내용을 조직한다.
② 언어적, 비언어적 표현과 이해
　㉠ 정확한 발음으로 말한다.
　㉡ 목적·대상·상황 등에 따라 적절한 억양, 성량, 속도, 어조로 말한다.
　㉢ 표준어와 비표준어를 구별하여 말한다.
　㉣ 내용과 상황에 어울리는 명료하고, 생동감 있고, 구체적인 낱말로 말한다.
　㉤ 어법에 맞게 말한다.
　㉥ 시선, 표정, 몸짓, 침묵 등을 적절히 조절한다.
　㉦ 화자의 말을 적극적으로 듣는다.

(2) 화법의 사회·문화적 배경
 ① 사회변인과 언어
  ㉠ 언어와 사회의 관계에 대하여 안다.
  ㉡ 상대의 계층, 연령, 성별 종교 등의 사회적 배경을 고려하여 말하고 듣는다.
 ② 언어 예절
  ㉠ 가정, 직장, 사회에서의 호칭어, 지칭어를 바르게 사용한다.
  ㉡ 목적, 대상, 상황 등에 따라 높임법을 바르게 사용한다.
 ③ 정중어법
  ㉠ 정중어법의 개념, 필요성, 종류를 안다.
  ㉡ 목적, 대상, 상황 등에 따라 정중어법을 바르게 사용한다.

(3) 화법의 전략
 ① 효과적 의사소통
  ㉠ 상대의 대화 방식과 의도, 상황 등을 파악한다.
  ㉡ 명시적이거나 암시적인 의사소통 규칙에 따라 대화에 기여한다.
 ② 의사소통상의 문제해결
  ㉠ 의사소통이 문제해결 과정임을 안다.
  ㉡ 의사소통상 장애와 갈등을 인식하고 이에 효과적으로 대처한다.
 ③ 시청각 보조자료의 이용
  ㉠ 시청각 보조자료의 중요성, 종류, 사용법을 안다.
  ㉡ 의미 전달의 효과를 고려하여 시청각 보조자료를 효과적으로 사용한다.

3) 화법의 태도

(1) 화자의 태도
 ① 상대의 처지와 의견을 존중하여 말하는 태도를 지닌다.

② 다른 사람을 비난하기에 앞서 먼저 이해하려는 태도를 지닌다.
③ 자기가 한 말에 책임지는 태도를 지닌다.

(2) 청자의 태도
① 화자의 처지나 의견을 존중하여 듣는 태도를 지닌다.
② 화자의 말을 열린 마음으로 듣는 태도를 지닌다.
③ 여러 가지 형식의 말하고 듣는 활동에 적극적으로 참여하는 태도를 지닌다.

4) 화법의 실제
(1) 대화
① 대화의 개념과 원리를 알고, 효과적인 전개방법을 안다.
② 목적·대상·상황을 고려하여 대화한다.
③ 화자의 처지나 의도를 고려하며 듣는다.
④ 상대의 말을 적극적으로 듣는다.
⑤ 상대의 말에 계속적인 관심을 보인다.

(2) 연설
① 연설의 목적과 형식에 따른 준비 절차와 방법을 안다.
② 목적·대상·상황 등에 맞게 연설한다.
③ 내용을 예측하거나 요약하며 듣는다.
④ 내용의 신뢰성, 타당성, 공정성 등을 따져 보면서 듣는다.

(3) 토의
① 토의의 개념, 목적, 형식, 절차, 방법을 안다.
② 토의의 사회자와 참여자의 역할과 책임을 알고 토의한다.
③ 여러 사람의 의견을 종합하며 듣는다.

④ 좀 더 나은 해결책을 생각하며 듣는다.
⑤ 자신과 다른 의견이 가결되더라도 기꺼이 받아들인다.

(4) 토론
① 토론의 개념, 목적, 형식, 절차, 방법을 안다.
② 토론의 사회자와 참여자의 역할과 책임을 알고 토론한다.
③ 상대의 논거가 타당한지 생각하며 듣는다.
④ 마음의 상태를 다스리며 상대의 말을 차분히 듣는다.

(5) 면담
① 면담의 개념, 종류, 특성, 목적, 방법을 안다.
② 면담의 준비, 절차, 방법을 안다.
③ 화법의 원리를 적용하여 효과적으로 면담한다.
④ 원하는 정보를 얻기 위해 효과적으로 질문한다.
⑤ 질문자의 의도를 파악하며 듣는다.

Ⅲ. 교수·학습 방법과 평가

1. 교수·학습 방법

(1) 학습자의 선행 학습내용, 발음기관과 청각기관의 이상 유무, 말하기 불안 유무, 출생지와 거주지 등을 고려하여 지도한다.
(2) 교과서 각 단원의 도입 부문, 본문, 학습 활동란 등에 기술되어 있는 내용과 교육과정에 명시되어 있는 지도 내용 및 학습자 실태를 고려하여 학습자에게 알맞은 교수·학습 목표를 구체적으로 설정한다.

(3) 화법에 관한 지식의 주입이나 맹목적인 연습을 지양하고, 화법의 이론에 대한 이해에 바탕을 둔 체계적인 화법 활동을 강조한다.
(4) 화법의 이론에 대한 체계적인 설명과 시범, 화법의 이론에 대한 이해 여부를 확인하기 위한 질문, 학습자의 활동 등의 단계를 참조하여 지도한다.
(5) 화법은 정적인 의사소통 행위가 아니고 동적인 것이므로, 장면과 상황을 중시하여 지도한다. 그리고 어법의 적격성보다는 용인성을 중시하여 지도한다.
(6) 학습자가 일상생활에서 자주 직면하거나 앞으로 직면할 가능성이 있는 상황을 학습내용으로 선정하여, 학습자들이 화법 학습에 동기, 흥미, 관심을 가지게 한다.
(7) 화법의 지도 내용은 학습 효과를 고려하여 교과서 단원의 본문에 기술되어 있는 내용 이외의 것도 첨가하여 지도할 수 있다.
(8) 유능하게 말하는 이와 듣는 이의 요건이 훌륭한 인격과 해박한 지식에 있음을 인식하고, 평소에 인격을 수양하고 폭넓은 독서를 통하여 인간과 사회, 국가와 문화, 자연 등에 대하여 깊은 안목을 가지도록 지도한다.
(9) 화법의 실제에서 말하기와 듣기를 유기적으로 통합하여 지도하되, 인간 관계를 중시하는 말하기, 말을 삼갈 줄 아는 태도 등도 함께 지도한다.
(10) 말하기 불안을 겪고 있는 학습자는 말하는 방법보다 불안 해소에 일차적인 관심을 가지고 지도한다.
(11) 다양한 시청각 보조자료를 활용하여 학습 흥미를 유발하고 화법 능력을 효과적으로 향상시킨다.
(12) 화법 지도는 학생의 말하기, 듣기 활동에 중점을 두어 이루어지도록 한다. 그리고 화법 지도 과정에서 학생의 활동에 대한 평

가 및 강화의 단계를 거치도록 한다.
(13) 화법 지도는 학생들의 실태를 정확히 파악한 후에 학생의 개인 차를 고려하여 실시하도록 한다.
(14) 언어 활동을 수행하는 과정에서 능동적인 사고, 적극적인 사고, 창의적인 사고를 하도록 권장한다.
(15) 훌륭한 인격과 풍부한 지식은 유능하게 말하는 이의 요건을 알고, 평소에 인격을 수양하고 폭넓은 독서를 통하여 인간과 자연과 사회에 대한 안목을 키우도록 지도한다.

2. 교수·학습 평가

1) 평가의 주요 특성

(1) 평가 목표와 내용은 교육과정의 내용체계와 영역별 내용을 근거로 한다.
(2) 화법의 필수 지식은 간접평가를 하고, 말하기와 듣기의 수행능력은 직접평가를 한다.
(3) 개별 학습자에 대한 평가표를 작성하여 累加 기록함을 원칙으로 하되, 전체 학생을 대상으로 평가하기가 어려울 때에는 수업의 과정에서 5~10명 정도씩 대상 학생을 선정하여 관찰한 결과를 활용한다.
(4) 평가 자료는 학생들이 직접 학습하지 않은 내용 중에서 선정하여 구성한다.
(5) 화법의 특성이나 원리에 관한 지식보다는 실제적인 화법 능력을 평가한다.
(6) 교사는 '자기 평가표'를 작성하여 학생들에게 나누어주고, 학생들의 상호 평가 결과도 평가 자료로 한다.

(7) 평가 결과는 학생들의 화법 능력을 판단하고, '화법' 과목의 교수·학습 내용 및 방법을 개선하는 데 자료로 활용한다.

2) 화법 수행능력의 객관적 평가표

(1) 전달 내용
① 내용에 맞는 화제를 선택하였는가?
② 내용의 배열 순서는 적당한가?
③ 불필요한 내용은 없는가?
④ 청자를 고려한 내용인가?
⑤ 화자의 의도한 내용이 잘 드러나는가?

(2) 언어 내용
① 표준어를 사용하는가?
② 불필요한 미사여구를 사용하는가?
③ 높임법을 적절하게 구사하는가?
④ 전문어나 외국어를 함부로 쓰지 않는가?
⑤ 방언을 적절히 구사하는가?

(3) 음성 평가
① 어조가 적절한가?
② 말의 속도가 적당한가?
③ 목소리 크기가 충분한가?
④ 발음을 확실하게 하는가?
⑤ 목소리가 듣기 좋은가?

(4) 전달 방법
① 짧고 간결한가?

② 유머와 위트를 섞어서 말하는가?
③ 청자를 포함하여 상황에 맞게 말하는가?
④ 시청각 자료를 활용하는가?
⑤ 메모한 내용을 적절하게 활용하는가?

(5) 듣기 태도
① 중심 내용과 이를 뒷받침하는 내용을 구별하며 듣는가?
② 화자의 의도 및 목적을 파악하며 듣는가?
③ 내용의 타당성, 객관성, 적절성, 효율성 등을 판단하며 듣는가?
④ 상대의 의도를 잘 탐색하는가?
⑤ 자기 생각을 덧붙이며 듣는가?

(6) 화자 태도
① 성의를 다해 말하는가?
② 연단의 자세는 품위가 있는가?
③ 옷차림은 깔끔한가?
④ 몸 동작이 생기가 있는가?
⑤ 청중의 반응을 고려하며 말하는가?

3) 모둠별 평가표

학교 현장에서 모둠별 수업에 대한 실제 화법 수업을 통해 평가할 수 있는 세목을 설정하여 표로 보이면 아래와 같다.

【표 2-3】모둠별 평가안

조이름		종합 평가			평가대상조	
평가항목		평가기준				판단근거
	1	2	3	4	5	
1. 내용 ① 주제의 적절성						
② 구성(3단) 및 개요						
③ 논거제시(논리, 체계성)						
④ 준비성, 정확성, 실례성						
2. 어법과 표현 ① 어법의 정확성						
② 어휘선택의 적절성						
③ 음성의 속도, 크기, 억양						
3. 몸가짐 및 태도 ① 자세, 동작						
② 표정, 시선						
4. 반응						
5. 시간 지킴						

이는 모둠별 수업의 일환으로 모둠별로 발표하고, 실제로 학생들이 그것을 평가할 수 있도록 작성한 것이다. 따라서 교수나 교사 한 사람이 평가하는 것보다 모둠별로 논의해 평가할 수 있기 때문에 보다 적극적인 수업이 될 수 있을 뿐만 아니라, 객관적인 평가를 유도할 수 있다.

위 【표 2-3】을 보면 알 수 있듯이 모두 5개의 항목으로 나누었다. 가장 중요한 '내용'(20점)은 4개의 세목으로 다시 나누어 평가하고, '어법과 표현'(15점)은 3개항으로, '몸가짐 및 태도'(10점)는 2개의 항목으로, 그리고 '반응'(5점)과 '시간 지킴'(5점)은 각각 1개항으로 평가항을 만들었다. 이 중 학생들이 객관적으로 평가할 수 있게 하기 위해서는 보다 세부적인 사항이 따라야 할 것이다. 예를 들어 발표 시간을 7분으로 한다면, ① A(6분 30초-7분 30초), ② B(5분 30초-6분 29초, 7분 31초-8분 30초) ③ C(5분 - 5분 29초, 8분 31초-9분) ④ D(4분대, 10분대), ⑤ E(나머지) 등으로 구체적인 시간 제시가 필요하다.

실제로 모둠별로 앉게 하고 모둠원들이 상의해 평가를 하게 했더니 그 평가 반응이 아주 좋았다. 참조로 모둠별(신언서판, 점수곽팍조, 옥의 티, 강철밴드, 복협조, 잘하는 조, 팔도원로회)로 평가한 사항을 모두 종합하여 7개 모둠 중 3개 모둠의 평가를 소개하면 아래과 같다.

〈평 가〉

1. 신언서판
  (1) 점수 : 45, 38, 50, 47, 38, 41
  (2) 좋은 점 : 내용(주제, 구성, 논거, 준비 등)에 관련된 것
  (3) 좋지 않은 점 :
    ① 어법과 표현 : 속도가 조금 느림, 딱딱한(무거운, 지루한) 어투, 어휘선택의 부적절성
    ② 몸가짐 및 태도 : 시선의 고정, 무표정, 고정된 자세(동작의 다양성 필요)

③ 반응 : 집중력, 흥미 등 문제
④ 내용 중 논거제시가 일부 부적절

2. 옥의 티
(1) 점수 : 45, 53, 47, 42, 44, 39
(2) 좋은 점 : 내용(주제, 구성, 논거, 준비 등)에 관련된 것, 반응
(3) 좋지 않은 점 :
　① 어법과 표현 : 약간 떨리는 음성, 속도가 점점 빨라짐, 일상적이고 습관적 어휘 사용, 말이 중간에 끊겨 집중력 분산
　② 몸가짐 및 태도 : 몸을 구부리는 자세, 자세 의탁
　③ 내용 중 논거제시가 일부 부적절

3. 강철밴드
(1) 점수 : 45, 34, 45, 39, 49, 36
(2) 좋은 점 : 어법의 정확성, 준비성이 좋음
(3) 좋지 않은 점 :
　① 어법과 표현 : 속도가 조금 빠름, 딱딱한(무거운, 지루한) 어투, 어휘선택의 부적절성(전문적인 용어 사용), 글을 읽는 듯한 어투
　② 몸가짐 및 태도 : 자세(다리를 떨었음), 동작의 다양성 필요, 경직된 자세, 시선 고정
　③ 반응 : 청자의 이해 수준 고려
　④ 내용 중 논거제시가 일부 부적절, 구성의 불균형

* 평가의 판단 근거를 반드시 기록하도록 했다. 주제에 대해 논거 제시가 일부 적합하지 않은 사항들에 대해서도 구체적으로 기록하도록 했지만, 편의상 이 종합평가에서는 제시하지 않았다.

〈듣기 태도〉
1. 듣기 태도의 유의점
   듣기 태도도 평가의 한 항목으로 들어가야 하기 때문에 이에 대한 유의와 훈련이 필요하다. 중심 내용과 이를 뒷받침하는 내용을 구별하며 듣는가? 화자의 의도 및 목적을 파악하며 듣는가? 내용의 타당성, 객관성, 적절성, 효율성 등을 판단하며 듣는가? 상대의 의도를 잘 탐색하는가? 자기 생각을 덧붙이며 듣는가? 등에 유의하여 들어야 제대로 화법의 평가를 할 수 있다.

2. 듣기 훈련 내용
   모둠별로 진행하는 것이 좋다. 우선 이끄미를 제외한 다른 모둠원들은 교실 밖으로 나가게 하고 이끄미에게 아래의 내용을 두 번 정도 읽어 주며 설명한다. 그리고 이끄미는 다른 모둠원에게, 그 모둠원은 또 다른 모둠원에게 자신이 들은 내용을 설명한다. 가급적 평범한 이야기보다는 숫자나 시간 등을 포함한 문장을 만들어 듣기 훈련을 하면 많은 도움이 될 것이다.

<가> 형
① 우리조는 다음주 목요일 2교시에 발표하기로 했는데, 잘 준비가 안돼서 걱정이야.
② 지난 주엔 서울 대학로에 가서 연극을 보려고 했지만, 영호가 <스캔들> 보자고 우겨서 결국 아무 것도 보지 못했어.
③ 이번주 금요일 1시 30분부터 대강당에서 사범대학 창립30주년 기념공연이 있을거야.

<나> 형
① 지난 주 월요일 5시쯤 우연히 인천교통방송을 들었는데, 인천 지명유래에 대해 설명하는 분이 우리과 교수님이야.
② 자세히는 듣지 못했지만, 비류가 문학산에 도읍을 정하고 이름을 '미추홀'이라고 한 것이 인천 지명의 시작이래.

③ 그 명칭은 이두식 표기로 '밑골', '바탕골'로 모든 것의 '근원'이라
는 뜻이래.

Ⅳ. 말의 성격과 중요성

1. 언어의 성격

호모 로쿠엔스는 높은 차원의 특징으로서 '언어를 사용하는 인간' 이라는 뜻의 라틴어다. 사람의 대뇌에는 말을 하도록 작용하는 중추신경이 있다. 이 신경의 작용으로 발음기관을 움직여서 발음하고 또 聽覺神經과 대뇌를 통하여 타인의 언어를 이해하는 것이다. 물론 다른 동물도 자신의 소리로써 그 나름의 신호를 교환한다. 침팬지는 수십 종의 소리를 내어 동료를 부르거나 탓하며, 警戒, 공포, 고통, 경악, 기쁨, 슬픔 등을 표현한다고 한다. 그러나 이것은 감정의 직접적 표현에 불과하다. 사람의 언어는 감탄사가 아니라 세분된 음성으로 의미 있는 단어를 이루고, 이 단어들을 일정한 법칙에 따라 운용함으로써 복잡한 의미를 자유롭게 표현하는 象徵的인 것이다. 인간은 이 언어를 사용함으로써 자기의 경험을 타인에게 전달할 뿐만 아니라, 타인의 경험을 제삼자에게 전달할 수 있고, 이러한 소통은 기억을 낳게 하고, 또한 언어를 통해서 복잡한 事象을 추상화할 수 있고, 이에 따라 사고능력을 발달시킬 수 있다.

넓은 의미에서 언어는 신호언어(signal language)와 동작언어(gesture langue)를 내포한다. 사실상 사람이 다른 동물과 구별되는 것은 소리를 낼 수 있는 능력이 아니라, 그 소리와 의미를 有意的으로 결합시킬 수 있는 인간의 능력이다. 그리하여 서로의 상호이해를 가능하게 하고, 한

인간 내심의 사고가 다른 인간 내신으로 옮겨지는 실제의 전이가 성립되는 것이다.

훈련을 받은 작은 앵무새가 "새도 말을 해요"와 같은 문장의 말을 제법 音高(pitch)와 억양을 어울리게 나타내어 표현했다고 하여 앵무새가 언어를 사용한다고 말하지는 않는다. 왜냐하면 앵무새가 사람의 말을 모방했을 뿐이기 때문이다. 사람을 제외한 다른 동물에게는 언어활동을 수행할 능력이 없다. 일련의 낱말이 모여서 일정한 의미를 이루는 복잡한 연결체의 '조직화된 소리'를 내지 못한다. 앵무새의 소리는 조직화된 사고에 의한 동기에서 나온 것이 아니라 무의식적인 모방의 소리에 불과한 것이다.

동물들의 의사소통 신호는 경직된 固定型(stereo-type)을 띠고 있어서 인간 언어의 창조성과는 구별된다. 동물들의 신호에는 청각적 신호와 시각적 신호 그리고 후각적 신호 등이 있다. 소라게는 집게 다리를 뻗침으로써 공격 자세를 취하여 다른 게나 물오리를 쫓아 버린다. 그리고 큰 가시고기는 자기의 영토를 침범하는 수놈의 붉은 배와 목덜미를 보기만 하면 무서운 공격력을 발휘하여 자기의 영토를 방위한다. 새들은 소리를 내어 날아 도망하라는 신호나 자기의 짝을 부르는 소리를 낸다. 새들이 짝을 고르고 求愛하고 어미의 의무를 수행하는 '소리의 신호'는 대개 소리의 급작스러운 높낮이나 진폭의 변화를 가져온다. 한편, 불개미는 먹이 있는 곳을 발견하면 집으로 돌아올 때 냄새 나는 화학물질을 내뿜어 자취를 남겨, 다른 개미들이 찾아갈 수 있도록 후각적 신호를 사용한다<李喆洙(1997), 言語學의 理解>.

꿀벌의 의사소통 과정은 매우 복잡하다. 꿀벌은 먹이의 위치를 벌통 안에서 춤을 추는 '회전 속도'로 알린다. 먼 거리에 먹이가 있을 경우, 멀면 멀수록 이에 비례하여 춤추는 회전의 빈도가 낮다. 그리고 먹이의 방향은 태양의 위치에 비추어 벌춤의 직선 부분의 각도에 의하여 표시된다. 그러나 꿀벌의 신호도 먹이, 거리, 방향 등을 지시하는 단순한 고정형 신호에 불과하다. 한 실험에서 꿀벌의 벌통 하나를 無線塔 밑에 두고 食物源을 무선탑 꼭대기에 놓았다. 10마리의 벌이 탑의 꼭대기에 가 식물원을 보고, 벌통에 남아 있는 벌들에게 그들이 발견한 것을 알리기 위해 흩어졌으나, 벌들은 그 장소를 찾지 못했다. 꿀벌에게는 그 전달체계에 수직의 거리를 나타내는 어떤 신호체계가 없다. 이 실험을 한 Karl von Frisch에 의하면 꿀벌의 언어 중에는 '上'(up)이라는 단어가 없다는 것이다<George Yule(1985), The Study of Language>.

2. 음성언어와 문자언어

언어는 음성언인 말과 문자언어인 글로 나뉜다. 음성언어는 청각의 감각기관을 수단으로 하며 시간과 공간적으로 제한을 받지만, 문자언어는 시각적인 수단에 의한 것으로 시·공간의 제한을 받지 않는다. 또한, 음성언어는 화자의 발화에 직접적인 반응을 가지므로 동적인 특성으로 나타나지만, 문자언어는 간접적인 반응을 가지므로 정적인 특성을 갖는다. 그리고 음성언어는 선천적으로 습득되지만, 문자언어는 후천적으로 학습된다. 1970년대에 이르러 독서 효율성을 내세워 음성언어보다 문자언어가 더 중요하다는 Vachek(1973)의 이론이 있었지만, 어느 것이 더 중요하다고 단정지을 수는 없다. 다만, 분명한 것은 인간은 글보다는 말을 먼저 배운다는 사실이다. 그런 의미에서 음성언어를 1차 언어라 하고, 문자언어를 2차 언어라고 할 수 있다.

3. 말의 중요성

인간은 언어 없이는 하루도 사회생활을 영위할 수 없다. 언어가 있기에 사회 안에서 인간 관계를 유지할 수 있고, 각자 맡은 바 직책을 수행하는 것도 언어를 가지고 의사소통할 수 있기 때문이다. 언어 없이 생존은 해 나갈 수 있겠지만, 언어 없이 사회생활은 불가능하다. 언어는 의사소통의 한 형태로 학습되는 것이고 창조적인 것이다. 인간은 무한한 언어를 생산하고 해석할 수도 있다. 언어가 우리 일상생활과 不可分離의 밀접한 관계에 있는 데도 우리는 언어에 대해 아는 것보다도 모르는 것이 더 많다. 언어를 바르게 사용함으로써 사회적인 갈등과 마찰을 피할 수 있으며, 언어에 관한 올바른 이해를 함으로써 우리는 언어와 사회 생활 사이에 얽혀 있는 여러 가지 문제들을 해결할 수 있다. 언어의 본질에 대한 정확한 이해는 사고와 논리능력 형성에도 영향을 준다.

우리가 일반적으로 사회생활에서 사용하는 언어는 음성언어인 말이다. 그만큼 말은 중요하다. 모로코 속담에 "말이 입힌 상처는 칼이 입힌 상처보다 더 깊다"는 말이 있다. 성경 창세기에서도 하나님이 천지를 창조하고 마지막으로 인간인 아담을 만들었으며 아담에게 모든 사물의 命名權을 부여하도록 언어사용을 허락했다. 그리고 바벨탑 사건으로 땅 위의 인간을 치리하는 방법으로 사용한 것도 언어의 혼란이었다.

"배를 보라, 그렇게 크고 광풍에 밀려 가는 것들을 지극히 작은 키로 사공의 뜻대로 운전하듯이, 혀도 작은 지체로되 큰 것을 자랑하도다. 보라 작은 불이 어떻게 많은 나무를 태우는가."
<야고보서 3장 4, 5절>
"말이 이치에 맞지 않으면 말하지 않는 것만 못하다."
(言不中理 不如不言), <明心寶鑑 言語編>
"남을 이롭게 하는 말은 따뜻하기가 햇솜과 같고, 남을 해치는 말은 날카롭기가 가시와 같다. 한 마디의 짧은 말이 귀중하며 千金의 값이 있기도 하고, 한 마디의 말이 남을 해쳐 아프기가 칼로 베는 것과 같기도 하다."

(利人之言 煖如綿恕 傷人之語 利如荊棘 一言利人 重直<值>千金 一語傷人 痛如刀割), <明心寶鑑, 言語篇>

4. 말의 효과

1) 생명의 언어와 죽음의 언어

(1) 의인의 입은 생명의 샘이며, 악인의 입은 독을 머금었느니라(잠언 10장 11절).
(2) 생명의 언어는 기쁨, 소망, 행복을 주지만, 죽음의 언어는 고통, 절망, 불행을 준다.
(3) 교사의 말은 한창 꿈을 키우는 학생들에게 생명력 있는 말이 될 수도 있고, 좌절과 불행을 초래하는 말이 될 수도 있다.

2) 긍정의 언어와 부정의 언어

(1) 긍정적인 말은 나, 자신에게 줄 수 있는 가장 귀한 선물이다.
(2) 살아가면서 '할 수 있다(can)'의 메시지는 모든 삶의 적극적인 원동력이 될 수 있다.
(3) 또한, 상대방에게 힘을 줄 수 있는 능력의 말이다.

3) 진실의 언어와 위선의 언어

(1) 사람의 행위와 언어가 일치되어야 한다. 화자의 행위와 마음은 진실하지 못하면서 상대방에게 진실되게 살라고 하는 말이 감동을 줄 수 없다.
(2) 죠지워싱턴의 말은 진실했기에 미국 국민들에게 감동을 줄 수 있었다.

4) 감사의 언어와 불평의 언어

(1) 감사의 말은 상대방의 마음을 누그러뜨리며 신뢰감을 준다.
(2) 에디슨의 경우 : 1914년 겨울 연구실에 불이 나서 200만 달러치의 실험장비와 연구자료가 잿더미로 변했다. 그는 "우리의 잘못된 모든 것이 불타버렸다. 새롭게 시작할 수 있게 되어 감사하다."라고 하였다.
(3) 파월 콜린(걸프만 전쟁의 영웅) : 17세 때 아르바이트를 나갔는데, 백인은 콜라 담는 일을 시키고, 자신에게는 빗자루질을 시켰지만, 감사한 마음으로 일을 하였다. 그런데, 백인이 일을 하다가 그만 콜라 상자를 무너뜨려 50상자가 깨지는 바람에 일거리가 엄청나게 늘어났으나 그는 불평하지 않고 "제게 배울 수 있는 충분한 기회를 주셔서 감사합니다."라고 하여 오히려 그 사건으로 인한 말 한마디에 감독관으로부터 인정받게 되는 기회가 되었다고 한다.

5) 칭찬의 언어와 야단의 언어

(1) 심리학자 로젠소올의 연구에 따르면, 칭찬 받은 학생들이 그렇지 못한 학생들에 비해 지능이 10~15 정도 상승했다는 보도 결과가 나왔다.
(2) 특히, 상대방에게 "멍청한 놈, 이 병신아, 돌대가리야" 등의 말은 절대로 사용하지 말아야 할 것이다.

6) You 메시지와 I 메시지

(1) 우리는 '나' 입장에서 생각하여 말을 하는 경우가 대부분이다. 따라서 '나' 중심의 직접언어보다 '상대방' 입장의 간접언어를 사용하는 것이 좋다.

(2) "당신이 좋아하는 해물탕을 준비할게요." / "일찍 들어와요."
"다음에도 저희 여행사를 찾아주실 것을 기다리겠습니다." /
"다음에 또 저희 여행사를 이용해 주세요."
"우리 열차는 부산행 우등열차입니다." / "이 열차는 부산행 우
등열차입니다(앞의 문장은 You 메시지, 뒤의 문장은 I 메시지).

7) Will의 메시지와 묵상언어

(1) 앞으로 가능성이 있게 될 말이 필요하다. 아인슈타인의 초등학교 생활기록부에 "성공할 가능성이 희박함"이라고 적혀 있다고 한다. 이에 그 어머니는 "사랑하는 아들아, 너는 다른 사람이 가지지 못하는 특별한 재능을 가지고 있다. 따라서 너는 반드시 앞으로 훌륭한 일을 하게 될 것이다."
(2) 긍정적(적극적, 능동적)인 언어가 필요하다. 앞으로 어떤 일이 일어날 것이라는 기대감을 갖고 적극적으로 능동적으로 행동할 필요가 있다. 말은 우리의 대뇌를 통해 입으로 발화하는 것이기 때문에 역으로 긍정적인 말은 긍정적인 사고를 불러일으킬 수 있는 것이다.
(3) 묵상언어
말은 입 밖으로 내면 다시 수정할 수 없으므로 말을 함부로 하지 말아야 한다. 따라서 어떤 일을 시작하기 전에 잠시 머릿속으로 생각하는 묵상의 시간이 필요하다. 하루를 시작하기 전에 오늘 있을 일에 대한 전반적인 묵상도 좋다. 묵상언어는 마음을 가라앉히고 무슨 말을 해야 할지 청각영상으로 나타내는 과정이므로 매우 중요하다. 소쉬르(1916)는 언어를 사물에서 개념, 개념에서 청각영상, 청각영상에서 발화로 이어지는 일련의 과정으로 랑그와 빠롤로 설명하고 있는데, 개념에서 청각영상으로 가는 과정이 묵상언어라 할 수 있다.

제3장

작문의 개념과 성격

I. 작문의 개념과 성격

1. 작문의 개념

화법이 상호 의사소통의 수단으로 말로 표현하는 것이라면, 작문은 글로 표현하는 것이다. 따라서 작문 기능은 전문화·정보화 시대에 학생들이 보다 인간적이고 창조적인 생활을 영위하는 데 필수적인 기능이다. 이에 작문은 모든 교과의 학습을 효율적으로 하기 위해 학습자가 갖추어야 할 기본적인 능력을 배양하는 것이다. 그러므로 작문교육은 의사 표현 행위로서의 작문의 특성을 바르게 이해할 수 있어야 하며, 작문의 과정에서 필요로 하는 기본적인 원리를 이해할 수 있으며, 작문의 상황에 맞게 자신의 사상과 감정을 효과적으로 표현할 수 있는 학습활동이 이루어져야 한다. 특히 작문은 하나의 독립된 개체로서의 과목이 아니라, 범교과적인 작문 활동과 학습의 장이 되어야 할 것이다. 따라서 총체적이고 포괄적인 지식의 구조체로 환원하여 표현하는 작문 활동이 이루어져야 한다. 작문교육이 겨우 글을 쓰는 단순한 행위만을 학습하는 것이 아니라, 학습자의 사고 양식과 행동 양식에도 영향을 미쳐 삶의 가치관이나 신념 및 태도에의 변화를 가져오는 학습 활동이 되어야 할 것이다.

자기의 사고를 상대방에게 표현할 수 있으며, 특히 어떤 주어진 문제에 대하여 논리적이며 체계적으로 사고를 전개하여 효과적으로 정보를 전달하는 능력은 바로 글을 잘 쓸 수 있는 능력에서 오는 것이다. 따라서 글을 잘 쓸 수 있도록 지도하기 위해서는 작문 학습 상황에서 학생들이 어떠한 방식으로 내용을 생성하고 조직하고 표현하게 되며, 작성한 글을 어떠한 방식으로 고치게 되는지, 그리고 작문 능력을 어떻게 개발시켜야 하는지 등 심리적·인지적 과정에 의한 학습뿐만 아니라, 다양한 맥락에서까지도 작문 학습 능력이 이루어지도록 해야 할 것이다. 그러기 위해서는 작문의 목표는 무엇이며, 작문의 성격은 어떤 것이며, 학습해야 할 작문의 내용과 방법 및 평가에 대한 세부적인 사항을 반드시 숙지시킬 필요가 있다. 그리고 교사는 대부분의 학생들이 작문을 매우 등한시 여기고 있는 잘못된 생각을 전환시켜서 작문 활동이 새로운 사고를 창조하고 다른 교과에의 지식을 구조화시키는 연계적인 학습임을 지도해야 할 것이다. 점점 복잡 다단해지고 있는 현대 사회에서 글로 표현하는 기회와 활동이 학생들의 지적인 성장과 인간다운 삶을 성취시킬 수 있다는 작문의 중요성을 강조해야 한다.

2. 작문의 성격

작문은 문자언어를 통하여 자신의 의사를 표현하고, 다른 사람들과 의사를 소통하며, 새로운 의미를 발견하고 창조하는 기능으로서, 고도로 복잡한 사고과정 및 문제해결 과정을 필요로 하는 고등정신 기능이다. 작문기능은 문자언어로 표현하는 데 있어서 유창성 및 아이디어의 생성에 있어서의 유창성, 작문에 관한 일반적인 규칙 및 관습에 대한 통달, 글을 쓰는 상황을 적절히 고려할 수 있는 사회적 인지능력, 우수한 글에 대한 감상력 및 비판력, 통합적 사고력 및 통찰력 등의 하위기능으로 구성된다. 이러한 작문기능은 정보화 시대에 학생들이 보다 인간적이고 창조적인 생활을 영위하는 데 있어서 필수적인 기본 기능이라고 할 수 있다.

고등학교 '작문' 과목은 '국어' 과목의 교육성과를 바탕으로 작문의 특성과 원리를 이해하고, 작문기능을 체계적으로 습득하며, 작문에 대한 올바른 태도 및 습관을 형성하게 하는 과목이다. 또한 고등학교 '국어' 교과목의 '쓰기' 영역을 통하여 학습한 내용 요소들의 체계적 통합인 동시에 심화 발전이라는 데 그 특성이 있다.

고등하교 '작문' 과목의 내용체계는 '작문의 특성', '작문의 원리', '작문의 실제'의 세 영역으로 구성된다. '작문의 특성'에서는 의사표현 행위로서의 작문에 대한 일반적인 이해가 교수·학습의 중심 내용이 된다. '작문의 원리'에서는 작문의 특성에 대한 이해를 바탕으로 하여, 사고를 문자언어로 표현하는 과정에서 필자가 지켜야 할 기본적인 원리에 대한 이해를 교수·학습에서 주로 다룬다. '작문의 실제'에서는 작문의 특성 및 기본 원리에 대한 이해를 바탕으로 하여, 구체적이고 세부적인 작문기능 신장을 위하여 실제로 작문 행위를 체계적으로 해 나가는 것이 교수·학습의 중심이 된다. 특히, '작문의 원리'와 '작문의 실제'는 서로 유기적으로 관련되는 교수·학습이 이루어져야 한다.

3. 교과학습과 작문

글을 잘 쓸 수 있는 능력, 특히 주어진 문제에 대하여 논리적으로 사고를 전개하여 효과적으로 정보를 전달하거나 설득하는 텍스트를 생산하는 작문능력은 학교교육을 제대로 받기 위해서나 학문적 성취를 이룩하기 위해서도 중요하지만 사회생활을 올바르게 수행하는 데에도 필수적인 기능이다.

작문의 인지적 과정 및 발달 과정에 대하여 지금까지 축적해 온 지식의 대부분은 국어 교과의 학습상황에서 생산해 낸 전형적이고 한정적인 맥락에서 벗어나 다양한 맥락에서의 연구의 중요성을 제시하고 있다. 이는 작문 과정 자체의 복잡성을 보다 체계적으로 이해하기 위해서만 아니라 작문의 교육적 의의를 확대하기 위함이다.

오늘날 학교교육에의 작문능력 평가는 공정성 및 객관성을 기한다는 명목하에 선택형 또는 단답형의 평가문항식으로 출제하여 평가하고 있다. 따라서 당연히 교수·학습에 있어서 사실 또는 개념의 학습에만 치중하여 총체적이고 포괄적인 지식의 구조체로 환원하여 표현하는 작문 또는 작문활동은 거의 무시되고 있는 실정이다.

이와 같은 경우는 영국이나 미국 등 선진국에서도 크게 다를 바 없기에 그들은 요즘 '범교과적 작문(writing across curriculum)' 운동이 확산되고 있다. 이들 이론가들은 작문행위를 아이디어를 발견하고 조직하고 표현하는 심리적 활동임과 동시에, 지식을 구조화하는 인지작용이라고 주장한다. 이러한 '범교과적 작문'의 특성은 학교 안팎의 사회적, 문화적, 정치적 현상에 대한 가치관이나 신념 또는 이데올로기를 점진적으로 변화시켜 나간다.

　　(1) 작문 능력 신장을 위한 4가지 유형의 지식과 기능
　　　① 텍스트 공동체로서의 학문 영역 또는 교과에 대한 지식을 갖춘다.
　　　② 학문 영역 또는 교과 영역 내에서 필자가 글을 쓰는 과정에서 다루게 될 내용과 그 내용에 대한 지식을 갖춘다.
　　　③ 학문 영역 또는 교과 영역 내에서 필자가 텍스트를 조직하고

배열하는 방법에 대한 지식과 기능을 갖춘다.
④ 학문 영역 또는 교과 영역 내에서 필자가 선택해야 하는 적합한 문제, 즉 표현방식에 대한 지식과 기능을 갖춘다.
(2) 스키마(schema)[2] 이론이 필요

학생들은 해당 학문 영역에서 탐구의 대상이 되는 내용에 대한 개념적 지식과, 그러한 내용을 발견하기 위하여 해당 학문 공동체가 흔히 사용하는 논증 및 탐구의 방법에 대한 절차적 지식을 획득하게 된다.
① 사전 경험에 바탕을 둔, 세상사에 대한 필자의 일반적인 견해를 표상한다.
② 계층적인 구조를 지닌 일반적인 스키마의 하위구조로서 조직화되어 보다 구체적인 수준의 지식을 표상하며, 교과내용에 대한 필자의 지식을 이해하는 데 있어서 스키마 이론의 적용은 매우 유용한 틀을 제공하여 보다 구체적인 하위 스키마를 활용한다.
③ 해당교과의 지식을 체계적으로 표상하는 텍스트의 조직방식을 알게 됨으로써 학생들은 그 교과를 체계적으로 이해한다.

4. 작문의 목표

가. 의사표현 행위로서의 작문의 특성을 바르게 이해하게 한다.
나. 작문의 과정에서 필요로 하는 기본적인 원리를 이해하게 한다.
다. 작문의 상황에 맞게 사상과 감정을 효과적으로 표현할 수 있게 한다.

---

[2] Joyce & Weil(1986)은 한 개인이 사회 환경과 상호작용할 때 필요한 지식의 구조로 기억 속에 저장되어 있는 경험의 총체라고 했다. 따라서 직접적이든 간접적이든 경험을 통한 모든 기억이 지식이라면 이 지식을 어떤 구조로 표현하는 추상화된 개념이 스키마이다.

작문과목의 목표로서 제시된 세 개의 항목은 각각 작문기능의 특성, 작문의 기본원리, 작문의 상황과 작문의 실제 등과 관련되는 목표들이다. 작문교육을 통하여 이러한 목표들을 보다 효과적으로 달성하기 위해서는 작문기능이란 무엇인가, 작문의 과정을 지배하는 중요한 원리는 무엇인가, 작문의 목적, 대상, 상황이 작문의 실제 과정에 미치는 영향은 무엇인가 등에 관한 이해가 필수적이다. 이들에 대해서는 작문과목의 '내용' 부분에서 구체적으로 살펴보기로 한다.

Ⅱ. 작문의 내용

1. 제7차 교육과정 쓰기 및 작문의 내용체계

쓰기영역의 내용체계는 쓰기의 본질, 쓰기의 원리, 쓰기의 태도, 그리고 쓰기의 실제로 구성되어 있다. 쓰기의 본질은 쓰기의 필요성, 쓰기의 목적, 쓰기의 개념, 쓰기의 방법, 쓰기의 상황, 쓰기의 특성으로 분류되고, 쓰기의 원리는 글씨쓰기, 내용 생성, 내용 조직, 표현, 고쳐쓰기, 컴퓨터로 글쓰기 순으로 이루어지며, 쓰기의 태도는 쓰기의 동기, 쓰기의 흥미, 쓰기의 습관, 그리고 쓰기의 가치로 하위 분류된다. 쓰기의 실제는 정보를 전달하는 글쓰기, 설득하는 글쓰기, 정서 표현의 글쓰기, 친교의 글쓰기로 구성된다. 이에 쓰기영역의 내용체계를 도표로 보이면 다음과 같다.

【표 3-1】 제7차 교육과정 쓰기 영역의 내용체계

영역	내 용		
쓰 기	* 쓰기의 본질 - 필요성 - 목적 - 개념 - 방법 - 상황 - 특성	* 쓰기의 원리 - 글씨 쓰기 - 내용 생성 - 내용 조직 - 표현 - 고쳐쓰기 - 컴퓨터로 글쓰기	* 쓰기의 태도 - 동기 - 흥미 - 습관 - 가치
	* 쓰기의 실제 - 정보를 전달하는 글쓰기 - 설득하는 글쓰기 - 정서 표현의 글쓰기 - 친교의 글쓰기		

이는 고등학교 작문의 내용체계와 약간 차이가 있다. 즉, 쓰기 영역과 작문의 내용체계와의 차이점은【표 3-1】과【표 3-2】를 보듯이 작문의 본질에서 쓰기영역이 보다 세분화되었다는 점을 들 수 있다.

【표 3-2】 제7차 교육과정 작문의 내용체계

	작문의 이론	작문의 실제
(1) 작문의 본질	(가) 작문의 특성 (나) 작문의 상황 (다) 작문 기능의 특성	
(2) 작문의 원리	(가) 작문 맥락 파악 (나) 작문 과정에 대한 계획 (다) 작문 내용 생성 (마) 작문 내용 표현 (바) 작문 과정에 대한 재고 및 조정	(1) 정보전달을 위한 글쓰기 (2) 설득을 위한 글쓰기 (3) 정서 표현을 위한 글쓰기 (4) 친교를 위한 글쓰기 (5) 정보화 사회에서의 글쓰기
(3) 작문의 태도	(가) 작문의 동기 (나) 작문의 흥미 (다) 작문의 습관 (라) 작문의 가치	

그리고 쓰기의 원리와 작문의 원리의 차이점은 쓰기영역의 '글씨 쓰기'가 작문에서는 '작문 맥락 파악, 작문 과정에 대한 계획'으로 대응되며, 쓰기의 내용체계에 새로 '컴퓨터로 글쓰기'가 첨부된다. 그리고 쓰기의 태도와 작문의 태도는 동일하다. 쓰기의 실제와 작문의 실제의 차이점은 '정보화 사회에서의 글쓰기'가 작문의 내용체계에 더 첨부되었다는 점이다. 이에 작문의 내용체계를 보다 구체적으로 고찰할 필요가 있다.

2. 작문의 내용

1) 내용체계화의 기본 원리

(1) 작문 능력의 체계적 신장을 위해서는 글쓰기 활동의 기저가 되는 개념적 지식(작문의 특성에 대한 지식)을 학습한다.
(2) 작문 능력의 체계적 신장을 위해서는 글쓰기 활동의 기저가 되는 절차적 지식(효과적으로 글을 쓰는 데 필요한 지식으로 글쓰기의 원리에 대한 지식)을 학습한다.
(3) 작문 능력의 체계적 신장을 위해서는 개념적 지식과 절차적 지식을 바탕으로 하여, 다양한 목적으로 글을 쓰는 '글쓰기의 실제' 활동이 필수적이어야 한다.

2) 내용의 선정 및 조직

(1) 작문의 특성 : 의사표현 행위로서의 작문이 가지는 특성에 대해 일반적인 이해가 교수・학습의 중심내용이 된다.
(2) 작문의 원리 : 글쓰기가 가지는 특성에 대한 이해를 바탕으로 하여 사고를 문자언어로 표현하는 과정에서 필자가 지켜야 할 기본적인 전략에 대한 이해가 교수・학습의 중심 내용이 된다.

(3) 작문의 실제 : 글쓰기의 특성과 글쓰기의 기본적인 원리에 대한 이해를 바탕으로 구체적이고도 세부적인 글쓰기 기능을 신장하기 위해 실제로 작문행위를 체계적으로 해 나가는 것이 중심이 된다.

3) 작문의 특성과 원리

(가) 작문의 특성

(1) 작문 기능의 특성

① 의사표현 행위로서의 글쓰기의 중요성을 이해한다.
  ㉠ 의사소통의 수단
  ㉡ 사고력 증진의 수단 : 논리적 사고력과 창의적 사고력
  ㉢ 의사결정 능력신장의 수단 : 내용전달을 위한 조직방식과 표현방식
  ㉣ 긍정적 정서의 강화 수단 : 적극적이며 진취적인 정서함양
② 사고기능과 표현기능의 특성과 관계를 이해한다.
③ 문제해결로서의 글쓰기 기능을 구성하는 주요 요인들을 이해하는 것으로 글씨, 맞춤법, 단어의 선택, 문장구조, 문장의 연결관계, 글의 조직, 문체, 글을 쓰는 목적, 예상되는 독자의 반응을 고려한다.
  ㉠ 문자언어 표현에 막힘이 없어야 한다.
  ㉡ 주제와 관련된 풍부한 아이디어를 생성해 낼 수 있어야 한다.
  ㉢ 일반적인 규칙과 관습에 통달해야 한다.
  ㉣ 글쓰는 상황과 글의 주제를 적절하게 연결시킬 수 있어야 한다.
  ㉤ 우수한 글에 대한 감상력과 비판력을 갖추고 있어야 한다.
  ㉥ 글의 내용을 효과적으로 조직하고 적합한 언어로 표현하는 데 필요한 통합적 사고력과 통찰력을 지니고 있어야 한다.

(2) 작문의 상황

① 글을 쓰는 여러 가지 목적에 대해 이해한다.
　㉠ 정보 전달적
　㉡ 설득적
　㉢ 문학적 : 심미적 즐거움
　㉣ 자기 표현적 : 독자에게 정서에 의하여 지배되는 행동 및 사고의 모습을 나타낸다.

② 글을 쓰는 과정에서 고려해야 할 예상 독자의 요구와 필자의 입장에 대해 이해한다.
　㉠ 예상독자가 처해 있는 구체적 환경 설정 : 연령, 사회적·경제적·문화적·종교적 배경, 문화적·교육적 배경, 가치관과 신념, 취미와 관심 등 분석
　㉡ 글의 주제와 예상독자의 관계 설정 : 독자의 지식 수준, 독자에 대한 주제의 적합성
　㉢ 독자와 필자와의 관계 설정
　㉣ 필자가 작성한 글과 예상 독자와의 관계 설정

③ 글쓰기의 주제 및 내용과 문종이 그 과정에 미치는 영향에 대해 이해하는 것으로 주로 신문의 사설, 논단에 실리는 글 등 여론의 힘을 빌려 올바른 정책 수립을 할 수 있도록 하는 데 있다.

(나) 작문의 원리

(1) 작문의 과정과 절차

① 작문의 심리적 과정을 이해한다.
　㉠ 계획하기
　㉡ 작성하기
　㉢ 재고하기
　㉣ 조정하기 : 앞의 단계 조정하기

* 작문의 단계를 정확히 이해하기 위해서는 첫째, 쓰기의 하위 단계들은 거의 동시적이며, 상호작용으로 이루어진다는 점, 둘째, 쓰기의 모든 단계는 목표지향적이라는 점(전체적 목표 및 하위목표를 결정), 셋째, 쓰기행위는 새로운 목표의 발견을 유도해야 하는 점이 필요하다.

② 작문의 일반적 절차를 이해한다(상호보완적일 수 있음).
  ㉠ 내용의 창안
  ㉡ 내용의 조직
  ㉢ 내용의 표현
③ 문제해결 과정으로서의 작문의 절차를 이해한다.
  ㉠ 글쓰기 절차를 일종의 문제해결 과정으로 파악함
  ㉡ 우선 주어진 문제를 체계적으로 분석하는 일이 선행되어야 함
  ㉢ 절차 : 계획하기 → 내용 생성하기 → 내용 조직하기 →
        표현하기 → 고쳐쓰기

(2) 작문 내용의 선정
① 계획하기와 내용 선정하기 단계에서의 문제해결 전략
  ㄱ. 글쓰기에 관한 전반적인 계획 수립
    ㉠ 수사론적 문제 탐색하기 : 필자, 예상 독자, 글의 주제, 글의 목적 등을 포괄하는 광범위하고도 추상적인 영역임
    ㉡ 글 전체의 개략적인 구도 작성 : 하위 목적 설정 → 개략적인 구도 작성(상위개념과 하위개념의 구도)
  ㄴ. 내용 생성하기 단계 : 창의적 사고 활동이 필수적이며 브레인스토밍을 실시하는 것이 효과적이다.
    ㉠ 머릿속에 떠오르는 대로 그대로 적어 내려 감
    ㉡ 정교하게 다듬거나 순서에 맞게 조정하는 데 시간 낭비를 하지 말아야 함
    ㉢ 문제의 핵심에서 벗어나지 않도록 계속해서 점검

② 내용의 창안과 상세화 : 글을 쓰는 데 필요한 내용, 즉 글의 재료를 마련하는 과정에서 깊이 있는 사고 작용이며 문제를 보다 명확하고 구체적으로 인식하게 되는 정신 작용으로 마치 거미가 실을 뽑아서 거미줄을 짜듯이 필자의 머릿속에 들어 있는 생각을 뽑아서 생각의 그물을 짜는 정신작용임
ㄱ. 요건
  ㉠ 필자 자신이 문제에 대한 충분한 지식과 정보 보유
  ㉡ 창의적 사고를 통하여 필자가 지니고 있는 지식과 정보를 최대한으로 활용할 수 있는 능력을 갖추어야 함
ㄴ. 충분한 지식과 정보를 갖추는 방법
  ㉠ 평소에 사물에 대하여 많은 관심을 가지고 사물을 깊이 있게 관찰하는 습관과 태도를 지녀야 함
  ㉡ 풍부한 독서를 통하여 사물에 대한 지식을 넓히는 일
③ 제재의 선정과 주제의 설정

(3) 작문 내용의 조직과 전개
① 내용 조직하기 단계에서의 문제해결 전략
ㄱ. 내용 생성하기 단계에서 만들어 낸 중심 내용과 세부 내용을 글의 조직원리에 맞추어 배열하는 단계임
ㄴ. 글의 구성과 관련되는 조직의 원리로 3단구성, 단락의 원리(통일성, 연결성 등)
ㄷ. 중심내용 및 세부내용의 전개에 관한 원리
  ㉠ 정태적 범주에 속하는 원리 : 분석, 묘사, 분류, 예시, 정의, 비교와 대조, 유추, 삼단논법
  ㉡ 동태적 범주에 속하는 원리 : 서사, 과정, 인과

② 글의 구성원리
ㄱ. 통일성의 원리
    글의 내용을 선택하는 방식에 관한 원리로 일반적인 제재와 직결되는 종속적인 제재를 선택해야 하며, 2차적 종속제재를 선택함에 있어서도 반드시 1차적 종속제재와 직결되는 제재를 선택해야 한다. 또한 종속주제를 선택함에 있어서도 글 전체의 주제를 뒷받침할 수 있는 종속주제를 선택해야 한다.
ㄴ. 일관성의 원리
    글의 내용을 배열하는 방식에 관한 원리로 글 전체의 주제나 제재를 뒷받침해 주는 여러 개의 종속주제나 제재를 바른 순서로 배열해야 한다.
  ㉠ 시간적 순서에 의한 배열 : 사건의 주요 내용을 발생한 순서대로 배열하는 방식
  ㉡ 공간적 순서에 의한 배열 : 장소나 사물과 관련되는 주요 내용을 공간적 구조에 따라 순차적으로 배열
  ㉢ 논리적 순서에 의한 배열 : 추상적 개념이나 현상과 관련되는 주요 내용을 그 내용들 사이의 논리적 관계에 따라 배열하는 방법으로 중요한 것과 덜 중요한 것, 일반적인 것과 특수한 것, 원인에 해당하는 것과 결과에 해당하는 것, 전체에 해당하는 것과 부분에 해당하는 것으로 구분함
ㄷ. 강조성의 원리 : 글의 핵심이 되는 주요 내용을 두드러지게 드러내는 방식에 관한 원리
  ㉠ 서론에서 글의 주제와 글을 쓰는 목적을 구체적으로 밝히는 것
  ㉡ 특별히 중요하다고 생각하는 사항에 대해서는 그 사항을 구체적으로 설명하는 내용을 충분히 제공
  ㉢ 본론 부분의 첫째문단에서 가장 중요한 내용을 다룸으로써 독자로 하여금 필자가 강조하고자 하는 핵심적인 내용을 인식시켜 줌

ⓔ 문단 구성에서도 강조의 원리 필요 : 하나의 문단을 통하여 필자는 하나의 완결된 생각을 드러내는 것으로 중심적인 생각과 그것을 뒷받침하는 생각들로 구성되며, 두괄식, 양괄식, 미괄식 등으로 나타냄
③ 글의 개요와 글의 구성
　　글 전체에 대한 구체적이고도 치밀한 계획을 세우는 일이다. 글의 내용을 어떻게 구성할 것인지를 결정한 결과를 일목요연하게 표로 나타낸 것이 글의 개요이다.
　　* 개요작성 방법
　　ⓐ 글의 중심제재와 종속제재를 바탕으로 작성
　　ⓑ 글의 중심내용을 나열하는 방식의 평면적 개요작성
　　ⓒ 글의 중심내용들 사이의 위계관계를 보다 명시적으로 드러내는 방식의 역동적 작성
④ 내용의 전개 : 글의 생각거리 및 세부 내용들을 어떻게 전개해 나갈 것인지를 학생들에게 분명히 인식시켜 주는 일로, 생각을 조직하고 배열하는 원리들은 시간적, 공간적, 논리적, 심리학적 원리에 바탕을 두고 있다. 이를 크게 나누면 시간성을 별도로 고려하지 않을 정태적 범주와 시간성을 중시하는 동태적 범주로 나눌 수 있다.
　　ⓐ 정태적 범주 : 분석, 묘사, 분류, 예시, 정의, 비교, 대조, 유추, 논증 등
　　ⓑ 동태적 범주 : 서사, 과정, 인과

(4) 효과적인 표현
　　첫째, 적합한 어휘 선택
　　둘째, 정확하고 효과적인 문장 표현
　　셋째, 여러 가지 표현 기법을 적절하게 선택

넷째, 작문 내용을 효과적이고 개성 있는 문체로 표현
다섯째, 표현의 과정에서 그림이나 도표 등의 장치를 효과적으로 활용
① 표현하기 단계에서의 문제해결 전략
  ㉠ 독자가 쉽게 이해할 수 있게 표현할 것
  ㉡ 독자의 흥미를 끌 수 있게 표현할 것
  ㉢ 독자에게 설득력을 지닐 수 있도록 표현할 것
  ㉣ 독자가 기억을 보다 잘 할 수 있게 표현할 것
② 효과적인 표현의 요소 : 작문지도를 할 경우에 가장 중시되어 온 활동이 바로 텍스트의 생산과정, 즉 표현과정이라고 할 수 있다. 이 표현과정에 대한 지도는 작문할 내용의 선정과정은 물론 조직과정과 함께 통합적으로 지도되어야 한다. 특히 어휘 선택, 문장구조, 표현기법, 개성 있는 문체, 그림이나 도표 등과 같은 정보자료의 적절한 활용을 들 수 있다.

(5) 고쳐쓰기

첫째, 쓴 글을 다시 읽고, 작문의 상황에 비추어 그 적절성을 평가
둘째, 작문의 전체적 과정에서 내용의 조직과 표현의 적절성을 평가
셋째, 문단 및 문장 수준, 단어 수준에서 잘못된 부분을 고쳐 씀
넷째, 글 전체를 일정한 기준에 따라 점검해 보고, 잘못된 부분을 고쳐 씀
① 고쳐쓰기 단계에서의 문제해결 전략
  ㉠ 지금까지 작성한 글이 계획하기 단계에서 설정한 목적에 부합되는지 여부를 확인하는 일
  ㉡ 상투어, 무의미어의 삭제, 접속어 및 지시어의 조정, 피동문의 적

절성 확인 등 문장 수준에서의 고쳐쓰기
ⓒ 문단구조의 적절성 확인, 아이디어의 배열 순서 조정, 중심문장 또는 보충문장의 첨가, 연결어의 첨가 등 문단수준에서 고쳐쓰기
ⓔ 잉여적인 부분들의 삭제, 제목 및 소제목의 조정이나 첨가, 글 전체의 통일성 및 연결성 확인 등 글 전체수준에서 고쳐쓰기
② 글의 평가와 수정
㉠ 텍스트 단계에서의 고쳐쓰기 : 잉여적인 부분들의 삭제, 텍스트의 제목 및 소제목 첨가, 중요한 아이디어의 위치 조정
ⓒ 문단단계에서의 고쳐쓰기 : 긴 단락의 구분, 아이디어의 배열순서 조정 및 도표 등의 첨가, 주제문의 첨가, 연결어의 첨가 등
ⓒ 문 단계에서의 고쳐쓰기 : 상투어 또는 무의미어의 삭제, 접속어 및 지시어의 조정, 긴 문장의 구분, 피동문의 적절성 확인 등

3. 작문의 방법

1) 작문 교육 방법

작문 기능을 보다 효과적으로 학생들에게 신장시키기 위해서는 글쓰기의 방법 또는 기술과 관련되는 여러 가지 지식이나 원리들을 설명해 주는 것만으로는 불충분하다. 작문기능은 일종의 인지적 기능이기 때문에 체계적이고도 반복적인 연습을 통하여 보다 효과적으로 신장될 수 있다. 이러한 측면에서 쓰기 기능의 효과적인 신장을 위한 수업 절차를 제시하면 다음과 같다.

    1. 준비단계 - (1) 쓰기과제의 결정
    2. 활동단계 - (2) 쓰기의 절차 및 방법 설명
                 (3) 쓰기의 절차 및 방법 시범
                  (4) 쓰기의 절차 및 방법의 숙지

　　　　　　(5) 주어진 쓰기과제에 대한 작문 활동
　3. 정리단계 - (6) 쓰기 결과 정리 및 발표
　　　　　　(7) 쓰기 결과에 대한 평가
　　　　　　(8) 쓰기의 과정에 대한 통합적 지도

(1) 준비 단계

　이 단계는 쓰기 활동의 상황적 맥락을 결정짓는 과정이다. 쓰기의 상황과 관련되는 요인들로서는 글의 목적, 예상 독자, 글의 종류 및 형식, 글의 주제 등을 들 수 있다. 이 단계에서 지도 교사는 단원 학습 목표 또는 차시 학습 목표와 관련하여 적절한 작문 과제를 결정하여 학생들에게 구체적으로 제시해 주어야 할 것이다.

(2) 활동 단계

　이 단계는 주어진 작문 과제에 대하여 실제로 쓰기 활동을 하는 단계이다. 이 단계의 학습활동은 직접 교수법의 원리를 바탕으로 이루어져야 할 것이다. 다시 말하면, 주어진 쓰기 과제에 대하여 학생들이 글을 쓰기 전에 지도교사가 먼저 작문의 절차 및 방법에 관한 원리를 설명해 주고, 그러한 원리를 적용하여 실제로 글을 쓰는 절차에 대하여 시범을 보여 주며, 설명과 시범을 통하여 제시한 원리를 학생들이 충분히 이해했는지의 여부를 확인한 다음에, 학생들로 하여금 글을 쓰게 하는 지도 방법을 활용하는 것이 효과적이다.
　이 단계에서 시범을 보일 때에는 지도교사 자신이 직접 만든 간단한 글을 제시할 수도 있고, 적절한 예문을 선택하여 학생들에게 제시할 수도 있다. 그리고 쓰기 활동 단계에서는 수업의 목표에 따라 하나의 문단을 작성하게 할 수도 있고, 한 편의 완결된 글을 작성하게 할 수도 있다.

(3) 정리 단계

이 단계에서는 학생들로 하여금 자신이 쓴 글을 지도교사가 설명한 작문의 절차 및 방법에 관한 원리를 기준으로 스스로 평가하고 고쳐 쓰게 한 후에 발표하는 활동을 함과 동시에, 학생들이 쓴 글 중에서 일부를 표집하여 지도교사가 평가를 해 주고, 작문의 절차 및 방법에 대한 원리의 적용을 정착시켜 주는 활동을 하게 된다.

2) 작문 교육의 지도 방법

제7차 교육과정은 작문의 본질, 작문의 원리, 작문의 태도 등 3개 영역으로 구성되어 있다. 이 중 작문의 본질[3]에 대한 이해를 바탕으로 한 작문의 원리[4]와 보다 세부적인 글쓰기 기능 신장을 위하여 실제로 글쓰기 행위를 체계적으로 학습 훈련해 가는 작문의 태도에 중점을 두고 있다.

이러한 작문 교육의 보다 효율적인 학습이 되기 위해서 교사는 우선 글쓰기의 원리를 가르쳐야 한다. 모든 학습과 삶의 방법에는 원리가 있다. 따라서 원리를 알고 들어가면 매우 효율적인 작문 능력을 성취해 나갈 수 있다. 이런 점에서 글쓰기와 삶은 매우 유기적인 관련을 갖는다. 예를 들어 당구를 잘 치는 비결을 물으면 대부분의 사람들은 자주 당구를 쳐봐야 한다고 한다. 그리고 당구장에 많이 드나드는 사람일수록 잘 친다고 말한다. 그러나 당구의 원리를 사전에 익히고 치게 되

---

3) 이는 제6차 교육과정의 '작문의 특성'에 해당되는 것으로 특정교과와 직결된 작문의 절차와 내용에 관한 학생들의 지식은 작문에 관한 신념과 태도, 교과 관련 학문 영역에 관한 신념과 태도, 그리고 교과 내용에 관련된 배경지식과 경험을 기르고, 주어진 작문과제와 관련하여 학교 안팎의 사회적, 문화적, 정치적 현상에 대한 가치관 및 이데올로기를 점진적으로 변화시켜 나간다.

4) 구상을 문자로 표현하는 데 필요한 기본적인 원리로 작문 능력을 키워 나갈 수 있다. 따라서 올바르고 정확한 단어 쓰기와 문장 쓰기 그리고 단락 쓰기 등 작문 표현의 기본적인 원리 외에 글의 진술 방식 또한 필수적인 요소이다.

면 원리를 모르고 치는 사람보다 상당히 빠른 시일 안에 잘 칠 수 있다. 이와 마찬가지로 많은 사람들이 무조건 글을 많이 쓰는 것이 잘 쓰는 비결이라고들 하지만 이는 잘못된 것이다. 글을 쓰는 실전에 들어가기 전에 구상의 원리와 단어쓰기, 문장쓰기, 단락쓰기의 원리 등을 잘 익히는 것이 무엇보다 중요하다.

둘째로 사고하는 습관을 기르도록 지도해야 한다. 요즘 학생들은 생각하는 것을 싫어한다. 모든 삶의 방식이 이런 사고의 과정을 이완시키고 있으므로 자칫 획일적인 사고에 머무를 수 있다. 따라서 일치적 사고나 흑백론적 사고에서 벗어나 다치적 사고를 할 수 있도록 지도해야 한다. 그러기 위해서는 교사의 일방적인 수업이 되어서는 안 된다. 과제를 제시하고 그것에 대해 다양한 사고 과정이 일어나도록 학습 분위기를 조성함은 물론이요, 어떤 과제에 대해 활발한 의견이 나올 수 있도록 이끌어야 한다. 요즘 학생들은 지금까지의 학습이 획일적이며 과학적인 학습에 익숙해 왔으므로 이를 하루 아침에 창의적이고 다양한 사고의 전이로 바꾸는 것은 물론 어렵다. 예를 들어 '하늘은 푸르다', '겨울은 춥다' 식의 명제를 명문화시켜서는 안 된다. 하늘은 얼마든지 푸르지 않을 수 있으며, 겨울은 또한 춥지 않은 상황과 지역이 있기 때문이다. 이런 획일적인 학습을 바꾸게 하는 것이 바로 작문교육에서 이루어져야 할 것이다. "얼음이 녹으면?"이라는 질문에 99%가 "물이 된다" 고 대답할 정도로 학생들의 사고는 일치적이며 과학적인 사고를 갖고 있다. 이제는 다양하고 창의적인 대답이 나올 수 있도록 지도해야 할 것이다. 예를 들어 "봄이 온다", "새순이 나온다"는 식의 답변이 나올 수 있도록 말이다.

셋째로 작문 교육에 도움이 되는 독서를 할 수 있도록 지도해야 한다. 학생들에게 감동적이며 실용적인 글쓰기를 지도하는 것은 물론 필요하다. 그러나 시 쓰기, 수필 쓰기, 기행문 쓰기, 보고서 쓰기, 편지글쓰기, 식사문 쓰기 등 기본적이고 실용적인 글쓰기 훈련도 중요하지만, 더 나아가 자신의 견해나 주장을 논거를 통해 체계적으로 글을 쓸 수 있도록 지도해야 한다. 왜냐하면 우리의 일상적인 삶에서 자신의 생각을 상대방에게 논리적으로 밝히는 일이 상당히 필요하기 때문이다. 그러기 위해서는 배경지식이 있어야 하며 이를 위해 다양한 독서가 필요한 것이다. 그러나 학생들은 현행 입시제도에 따른 빡빡한 일과 속에 시간을 내어 다양한 독서를 하기가 어렵다. 뿐만 아니라 시간을 낸다 할지라도 무슨 책을 읽어야 하는지도 난감한 상황이다. 물론 배경지식이 다양한 독서를 통해서만 얻어지는 것은 아니다. 배경지식인 체험은 직·간접 체험 모두를 망라한다.5) 그러나 대부분의 현행 학생들은 교사의 학습과 독서를 통해서 얻는 지식이 크므로 동서 고전을 중심으로 목록을 제시해 주는 것이 좋을 것이다.

넷째로 글을 쓰기 전에 개요작성 학습을 훈련시켜야 한다. 글감을 구하는 것은 주변 대상에서부터 철학적인 사유에 이르기까지 글의 종류에 따라 다양하다. 어떤 글이든지 글을 쓰는 데는 개요가 필요하다. 작문은 어떤 주제에 대한 사항을 단순히 나열하는 것이 아니라, 그 사항을 보다 논리적이고 체계적으로 보여주어야 한다. 집을 지을 때 설계도 없이 짓게 된다면 그 집은 훌륭한 집이 되기가 어렵다. 마찬가지로 글쓰기에도 설계도가 필요한 데 그것이 바로 개요작성이다. 따라서 개요작성이 좋으면 그 글 역시 좋은 글이 될 수 있지만, 불충분한 개요작성으로 글을 쓰게 되면 주제에서 벗어날 수 있으며, 중요한 내용을 빠뜨리거나 쓸데없는 말을 중복하게 된다. 그러므로 서두에 쓸 말과 결말에 쓸 내용, 그리고 본문을 어떻게 전개시킬 것인지를 미리 생각하도록 지도해야 한다.

---

5) 김봉군(1980:12-13)은 체험에 대해 우리가 감각적으로 받아들이게 되는 현상계의 물리적 대상에 의해서 직접 얻어지는 경험뿐만 아니라, 인간의 의식이 펼치는 상상 내지 사유의 내용까지 포괄한다고 했다.

다섯째로 쓰기 위주의 학습이 되어야 한다. 작문의 기본적인 원리가 습득되었다면 이제 작문의 실제가 이루어져야 한다. 현장 교육에서 글쓰기 교육의 문제는 교사가 그저 막연한 주제를 주고 써보라고만 하는 경우가 있다. 그러나 학생들이 글을 잘 쓸 수 있도록 보다 구체적으로 제시해 주어야 하며 글을 쓸 수 있도록 흥미와 관심을 이끌어 주어야 한다. 더욱이 글을 써오면 교사는 꼼꼼하게 첨삭지도를 해서 학생들에게 돌려주어야 한다. 그러나 이것은 현행 학교 교육에서 실행되기가 어렵다. 대개 일선에서 작문 전담 교사제가 되어 있지 않은 상황이며, 한 교사가 수업에 지도하는 학생 수가 너무 많으므로 첨삭지도가 어렵기에 교사 자체가 글쓰기 과제를 자주 부여하지 않을 뿐만 아니라, 학생들도 무성의한 첨삭 지도의 현실을 알므로 쓰기를 꺼리게 된다. 따라서 이런 현실적인 문제가 속히 개선되어야 할 것이다.

여섯째로 글쓰기 노트를 쓰도록 지도하는 것이 좋다. 글쓰기 교육은 단계적이며 지속적으로 이루어져야 하므로 학생들이 학습내용을 잘 정리하고 자기가 쓴 글도 잘 모을 수 있도록 지도하는 것이 필요하다. 그렇게 되면 학생들 스스로 학습 연계를 느낄 수 있고, 학업 성취도의 확인도 될 수 있으므로 학생 지도에 많은 도움이 될 것이다. 자칫 학생들은 글쓰기를 등한시 여길 수 있다. 따라서 자신이 쓴 글을 아무데나 끼어 두거나 심지어 버리기까지 하여 글쓰기 교육의 학습 효과가 비효율적이 될 수 있다.

4. 작문의 평가

1) 평가 목표

글쓰기 기능은 문자언어로 표현하는 데 있어서의 유창성, 아이디어 생성의 유창성, 글쓰기에 관한 일반적인 규칙 및 관습에 대한 통달, 예상되는 독자를 적절히 고려할 수 있는 사회적 인지 능력, 우수한 글에 대한 감상력 및 비판력, 통합적 사고력 및 통찰력 등을 필요로 하는 매우 복잡한 하위 기능 및 요인들로 구성되어 있다. 이러한 기능의 특성과 관련하여 작문 영역 평가 목표 및 영역별 세부 목표를 소개하면 다음과 같다.

    (1) 글의 내용 : 내용의 풍부성, 내용의 정확성, 내용의 관련성, 추론적 사고, 종합적 사고, 비판적 사고, 대안적 사고 등
    (2) 글의 조직 : 글의 짜임, 문단의 구성 및 결합관계, 글 전체의 통일성 등
    (3) 글의 표현 : 표현의 정확성, 표현의 독창성, 표현의 적절성, 문장의 다양성, 어휘선택의 적절성 등
    (4) 표기 및 어법 : 맞춤법, 문자부호, 글씨, 어법 등

2) 평가 방법

작문에서의 평가 방법은, 실제로 글을 쓰게 한 후에 쓴 글을 대상으로 평가하는 직접 평가와, 글을 쓰게 하는 대신에 글쓰기 능력을 측정할 수 있는 평가 문항을 개발하여 지필 검사의 형식으로 평가하는 간접 평가로 나눌 수 있다.

    (1) 간접 평가 방법 : 선택형, 단답형, 서술형, 완성형 등으로 평가의 절차면에서 보다 간단하고 경제적인 점은 있으나, 실제의 작문능력을 평가하는 데는 분명히 한계가 있다.
    (2) 직접 평가 방법
      ① 총체적 평가 방법 : 학생들이 작성한 글들에 대한 총체적 인상에 의존하는 것으로서, 이 경우 작품은 하나의 통일되고 일관성을 갖춘 전체로서 인식된다.

② 분석적 평가 방법 : 글의 내용, 글의 조직, 글의 표현, 표기 및 어법 등 작문 능력을 구성하는 뚜렷한 특성 또는 범주별로 점수를 부여하여 총점을 산출하게 된다.

5. 제6차 교육과정과의 차이점

1) 제6차 교육과정

제6차 교육과정에서 중학교 쓰기 영역의 내용은 초등학교나 고등학교의 쓰기 영역의 내용체계와 동일하고 고등학교 작문 교과의 내용체계와 거의 유사하다. 따라서 중학교 쓰기영역은 초등학교와 연계된 체제가 아니며, 이는 고등학교에 이어지는 것도 아니다.[6] 참고로 중학교 쓰기 영역의 내용체계와 고등학교 작문 교과의 내용체계를 보이면 다음과 같다.[7]

【표 3-3】 중학교 쓰기 영역의 내용체계

영 역	내 용
쓰기의 본질	1) 쓰기의 특성 2) 쓰기의 과정과 절차 3) 쓰기의 여러 가지 상황
쓰기의 원리	1) 내용 선정의 여러 가지 원리 2) 내용 조직의 여러 가지 원리 3) 표현 및 전달의 여러 가지 원리

---

6) 제7차 교육과정에서는 쓰기영역이 1학년부터 10학년에 이르는 연계된 특성을 갖는다. 즉, 1학년에서 6학년은 초등학교, 7학년에서 9학년은 중학교, 그리고 10학년은 고등학교 1학년에 해당되는 것으로 쓰기의 본질, 쓰기의 원리, 쓰기의 태도, 쓰기의 실제에 관련된 사항이 언급되었다.
7) 고등학교 국어 교과에 관련된 쓰기영역의 내용체계는 중학교 쓰기영역의 내용체계와 완전히 동일하므로 따로 보이지 않는다.

쓰기의 실제	1) 정보 전달을 위한 글쓰기 2) 설득을 위한 글쓰기 3) 친교 및 정서 표현을 위한 글쓰기 4) 효과적인 글쓰기의 태도 및 습관

【표 3-4】 고등학교 작문 교과의 내용체계

영 역	내 용
작문의 특성	1) 작문 기능의 특성 2) 작문의 상황
작문의 원리	1) 작문의 과정과 절차 2) 작문 내용의 선정 3) 작문 내용의 조직과 전개 4) 효과적인 표현 5) 고쳐 쓰기
작문의 실제	1) 문단 쓰기 2) 정보 전달을 위한 글쓰기 3) 논증 및 설득을 위한 글쓰기 4) 친교 및 정서 표현을 위한 글쓰기 5) 태도 및 습관

　【표 3-3】과【표 3-4】는 아주 유사한 내용으로 되어 있다. 차이가 있다면, 우선【표 3-3】의 '쓰기의 본질'에 들어 있는 '쓰기의 과정과 절차'가【표 3-4】에서 보듯이 '작문의 원리'의 하위 영역으로 들어간 점을 들 수 있다. 그리고【표 3-3】에서 언급이 없는 '고쳐 쓰기'와 '문단 쓰기'가【표 3-4】의 작문의 원리와 실제에 각각 포함된 점이다. '고쳐 쓰기'는 내용 선정에, '문단 쓰기'는 내용 조직에 내포된 내용으로 이는 하위 영역이므로 단지【표 3-3】에서 보이지 않았을 뿐이다.[8]

---

8)【표 3-4】'작문의 실제'의 하위 영역인 '문단 쓰기'는 '작문의 원리' 영역에 포함되어야 할 성질이다.

2) 제6차 교육과정과 제7차 교육과정의 차이점

【표 3-5】제6차 교육과정과 제7차 교육과정의 비교

	내용체계	쓰기의 본질	쓰기의 원리	쓰기의 태도	쓰기의 실제
제6차 교육 과정	쓰기의 본질 쓰기의 원리 쓰기의 실제	특성 과정과 절차 상황	내용 선정 내용 조직 표현 및 전달		정보전달을 위한 글쓰기 설득을 위한 글쓰기 친교 및 정서 표현을 위한 글쓰기 효과적인 글쓰기의 태도 및 습관
제7차 교육 과정	쓰기의 본질 쓰기의 원리 쓰기의 태도 쓰기의 실제	필요성 목적 개념 방법 상황 특성	글씨 쓰기 내용 생성 내용 조직 표현 고쳐쓰기 컴퓨터로 글쓰기	동기 흥미 습관 가치	정보를 전달하는 글쓰기 설득하는 글쓰기 정서표현의 글쓰기 친교의 글쓰기

 우선 제6차 교육과정 쓰기영역의 내용체계는 쓰기의 본질, 쓰기의 원리, 쓰기의 실제로 구성된 반면, 제7차 교육과정은 쓰기의 본질, 쓰기의 원리, 쓰기의 태도, 쓰기의 실제로 구성된다. 그리고 제6차 교육과정의 쓰기의 본질이 특성, 과정과 절차, 상황인 반면, 제7차 교육과정은 필요성, 목적, 개념, 방법, 상황, 특성으로 구성된다. 또한 제6차 교육과정의 쓰기의 원리가 내용 선정, 내용 조직, 표현 및 전달인 반면, 제7차 교육과정은 글씨 쓰기, 내용 생성, 내용 조직, 표현, 고쳐쓰기, 컴퓨터로 글쓰기로 구성된다. 그리고 제6차 교육과정은 쓰기의 태도가 쓰기의 실제 하위 영역으로 구성된 반면에 제7차 교육과정은 상위 항목으로 설정되어 동기, 흥미, 습관, 가치로 구성된다. 마지막으로 제6차 교육과정

의 쓰기의 실제가 정보전달을 위한 글쓰기, 설득을 위한 글쓰기, 친교 및 정서 표현을 위한 글쓰기, 효과적인 글쓰기의 태도 및 습관으로 구성된 반면, 제7차 교육과정은 정보를 전달하는 글쓰기, 설득하는 글쓰기, 정서표현의 글쓰기, 친교의 글쓰기로 구성된다. 이상의 내용을 정리하면 위 【표 3-5】와 같다.

제 4 장

정서법의 원리

　화법과 작문의 절차는 크게 '구상—말하기/글쓰기' 순이다. 그러나 일반적으로 가장 현실문제에 직면하게 되는 것은 정서법의 문제일 것이다. 국어 정서법은 表意主義(형태주의)와 表音主義(발음주의)의 조화로 규정되었으므로 당연히 문제가 될 수밖에 없다. 따라서 국어 맞춤법을 정확하게 이해하는 것은 대단히 어렵기 때문에 장소에 상관없이 온갖 게시물은 물론이며, 주요 일간지 신문과 국정 국어교과서에서도 아주 쉽게 잘못된 맞춤법을 찾아낼 수 있다. 몇 년 전 국영방송인 KBS 9시 뉴스의 자막에서 잘못된 맞춤법의 예를 보이면 다음과 같다.

① 국회 하순봉 의원 " 몇일에 얼마 들어왔나?"(2001.1.6)
② 알콜 중독자 여성 "2, 3일간 술만 먹어요 몇일 안먹으면…" (2001.1.15)
③ 최씨 사건 중풍병 어머니를 양로원 뒷길에 버림. 심장병으로 돌아가심, 15일만에 기소.
　아이들은 복지관에 맡김. "아빠가 이제 열심히 일해서… 해어지지 말자."
④ 오색 딱다구리(2001.1.17)
⑤ 일본 항공기 충돌 위험 "여자 승무원이 천정에 머리를 부딪친 뒤

떨어졌어요."(2001.1.21)
⑥ 중고 휴대전화 "갖다 줄께요."(2001.1.27)
⑦ 클린턴 사면 의혹 "…댓가로 대리인을 내세워…"(2001.3.1)

이에 화법과 작문의 기본인 정서법 원리는 반드시 필요하므로 국어 어문규정의 중요 부분을 정리해 보일 것이다.

Ⅰ. 맞춤법과 표준어

1. 맞춤법

1) 형태에 관한 것

(1) 어간과 어미

① 연결형에 사용되는 '이요'는 '이요'로 적고, 종결형에 사용되는 어미 '오'는 '요'로 소리나는 경우가 있더라도 그 원형을 밝혀 '오'로 적는다.

㉠ 이것은 책이요, 저것은 먹이요, 또 저것은 붓이다.
　　이것은 책이오.

② 다음과 같은 용언들은 어미가 바뀔 경우, 그 어간이나 어미가 원칙에 벗어나면 벗어나는 대로 적는다.

㉠ 어간의 끝 'ㄹ'이 줄어질 적
㉮ 갈다 : 가니, 간, 갑니다, 가시다, 가오
　　놀다 : 노니, 논, 놉니다, 노시다, 노오

㉡ 어간의 'ㅅ'이 줄어질 적
㉮ 긋다 : 그어, 그으니, 그었다
　　낫다 : 나아, 나으니, 나았다

제4장 정서법의 원리 **71**

ⓒ 어간의 끝 'ㅎ'이 줄어질 적
  ㉠ 그렇다 : 그러니, 그럴, 그러면, 그럽니다, 그러오
     퍼렇다 : 퍼러니, 퍼럴, 퍼러면, 퍼럽니다, 퍼러오
ⓔ 어간의 끝 'ㅜ, ㅡ'가 줄어질 적
  ㉠ 푸다 : 퍼, 펐다,   바쁘다 : 바빠
     담그다 : 담가, 담갔다   따르다 : 따라
ⓕ 어간의 끝 'ㄷ'이 'ㄹ'로 바뀔 적
  ㉠ 걷다 : 걸어, 걸으니
     묻다 : 물어 : 물으니
ⓖ 어간의 끝 'ㅂ'이 'ㅗ, ㅜ'로 바뀔 적
  ㉠ 깁다 : 기워, 굽다 : 구워,   가깝다 : 가까워, 괴롭다 : 괴로워
     맵다 : 매워, 무겁다 : 무거워, 밉다 : 미워,   쉽다 : 쉬워,
     돕다 : 도와, 곱다 : 고와,   아니꼽다 : 아니꼬워

(2) 접미사가 붙어서 된 말

① 어간에 '-이'나 '-음/-ㅁ'이 붙어서 명사로 된 것과 '-이'나 '-히'가 붙어서 부사로 된 것은 그 어간의 원형을 밝히어 적는다.
  ㉠ '-이'가 붙어서 명사로 된 것
    ㉠ 길이, 먹이, 다듬이, 달맞이, 미닫이, 쇠붙이, 벼훑이, 벌이
  ㉡ '-음/-ㅁ'이 붙어서 명사로 된 것
    ㉠ 걸음, 묶음, 믿음, 얼음, 엮음, 웃음, 졸음, 앎, 만듦
  ㉢ '-이'가 붙어서 부사로 된 것
    ㉠ 같이, 굳이, 높이, 많이, 짖궂이, 실없이
  ㉣ '-히'가 붙어서 부사로 된 것
    ㉠ 밝히, 익히, 작히
  ※ 다만 어간에 '-이'나 '-음'이 붙어서 명사로 바뀐 것이라도 그 어간의 뜻과 멀어진 것은 원형을 밝히어 적지 아니한다.
    ㉠ 목거리(목병), 거름, 고름, 노름

② 어간에 '-이'나 '-음' 이외의 모음으로 시작된 접미사가 붙어서 다른 품사로 바뀐 것은 그 어간의 원형을 밝히어 적지 아니한다.
  ㉠ 명사로 바뀐 것
    ㉑ 귀머거리, 까마귀, 너머, 뜨더귀, 마감, 마개, 비렁뱅이, 주검
  ㉡ 부사로 바뀐 것
    ㉑ 거뭇거뭇, 너무, 도로, 불긋불긋, 비로소, 오긋오긋, 차마, 뜨덤뜨덤
  ㉢ 조사로 바뀌어 뜻이 달라진 것
    ㉑ 나마, 부터, 조차
③ 명사 뒤에 '-이'가 붙어서 된 말은 그 명사의 원형을 밝히어 적는다.
  ㉠ 부사로 된 것
    ㉑ 곳곳이, 낱낱이, 몫몫이, 샅샅이, 앞앞이, 집집이
  ㉡ 명사로 된 것
    ㉑ 곰배팔이, 삼발이, 애꾸눈이, 육손이, 절뚝발이
  ※ '-이' 이외의 모음으로 시작된 접미사가 붙어서 된 말은 그 명사의 원형을 밝히어 적지 아니한다.
    ㉑ 꼬락서니, 끄트머리, 사타구니, 이파리, 지붕, 지푸라기, 모가지, 싸라기, 짜개, 값어치
④ '-하다'나 '-거리다'가 붙는 어근에 '-이'가 붙어서 명사가 된 것은 그 원형을 밝히어 적는다.
    ㉑ 깔쭉이, 줄줄이, 배불뚝이, 비쭉이, 살살이, 쌕쌕이, 우뚝이, 푸석이, 꿀꿀이, 더펄이, 오뚝이, 코납작이, 푸석이, 홀쭉이
⑤ '-하다'나 '-거리다'가 붙을 수 없는 어근에 '-이'나 또는 다른 모음으로 시작되는 접미사가 붙어서 명사가 된 것은 그 원형을 밝히어 적지 아니한다.
    ㉑ 개구리, 귀뚜라미, 기러기, 깍두기, 꽹과리, 날라리, 누더기, 동그라미, 두드러기, 딱따구리, 매미, 부스러기[9], 뻐꾸기, 얼루기, 칼

싹두기
⑥ '-하다'가 붙는 어근에 '-히'나 '-이'가 붙어서 부사가 되거나, 부사에 '-이'가 붙어서 뜻을 더하는 경우에는 그 어근이나 부사의 원형을 밝히어 적는다.
㉠ '-하다'가 붙는 어근에 '-히'나 '-이'가 붙는 경우
  ㉮ 급히, 꾸준히, 도저히, 딱히, 어렴풋이, 깨끗이
※ '-하다'가 붙지 않는 경우에는 소리대로 적는다.
  ㉮ 갑자기, 반드시(꼭), 슬며시
㉡ 수사에 '-이'가 붙어서 역시 부사가 되는 경우
  ㉮ 곰곰이, 더욱이, 생긋이, 일찍이, 해죽이, 부득이

(3) 합성어 및 접두사가 붙는 말
① 둘 이상의 단어가 어울리거나 접두사가 붙어서 이루어진 말은 각각 그 원형을 밝히어 적는다.
  ㉮ 국말이, 꺾꽂이, 꽃잎, 끝장, 흘이비, 흘몸, 흙내, 겉늙다, 굶주리다, 맞먹다, 빗나가다, 샛노랗다, 싯누렇다, 엇나가다, 엎누르다, 짓이기다, 엿듣다, 헛되다
※ 어원이 분명하지 아니한 것은 원형을 밝히지 아니하고 '이〔齒, 虱〕'가 합성어나 이에 준하는 말에서 '니' 또는 '리'로 소리날 때에는 '니'로 적는다.
  ㉮ 간니, 덧니, 사랑니, 앞니, 윗니, 톱니, 틀니, 머릿니
② 끝소리가 '리'인 말과 딴 말이 어울릴 적에 'ㄹ'소리가 나지 아니하는 것은 아니 나는 대로 적는다.
  ㉮ 다달이, 따님, 마되, 마소, 바느질, 부나비, 부삽, 소나무, 싸전, 여닫이, 우짖다

---

9) '부스러기'는 '부스럭-거리다'가 분명히 존재하며 많은 사람들이 자주 사용하고 있다. 그러나 '부스러기'의 의미와 '부스럭거리다'의 의미는 다르다. 전자는 '잘게 부스러진 찌끼'이고, 후자는 '마른 검불 따위를 밟거나 뒤적일 때에 나는 소리'이다.

③ 끝소리가 'ㄹ'인 말과 딴 말이 어울릴 적에 'ㄹ'소리가 'ㄷ'소리로 나는 것은 'ㄷ'으로 적는다.
　㉠ 반짇고리, 사흗날, 삼짇날, 섣달, 숟가락, 이튿날, 잗주름(잘~), 푿소(풀~), 섣부르다. 잗다듬다(잘~), 잗다랗다(잘~)
④ 사이시옷은 다음과 같은 경우에 받치어 적는다.
　㉠ 순 우리말로 된 합성어로서 앞말이 모음으로 끝난 경우
　　・뒷말의 첫소리가 된소리로 나는 것
　　㉠ 고랫재, 귓밥, 나룻배, 나뭇가지, 냇가, 댓가지, 뒷갈망, 맷돌, 머릿기름, 모깃불, 못자리, 바닷가, 뱃길, 볏가리, 부싯돌, 선짓국, 쇳조각, 아랫집, 우렁잇속, 잇자국, 잿더미, 조갯살, 찻집, 쳇바퀴, 킷값, 핏대, 햇별, 혓바늘
　　・뒷말의 첫소리 'ㄴ, ㅁ' 앞에서 'ㄴ' 소리가 덧나는 것
　　㉠ 멧나물, 아랫니, 텃마당, 아랫마을, 뒷머리, 잇몸, 깻묵, 냇물, 빗물, 수돗물
　　・뒷말의 첫소리 모음 앞에서 'ㄴㄴ'소리가 덧나는 것
　　㉠ 도리깻열, 뒷윷, 두렛일, 뒷일, 베갯잇, 욧잇, 깻잎, 나뭇잎, 댓잎
　㉡ 순 우리말과 한자어로 된 합성어로서 앞말이 모음으로 끝난 경우
　　・뒷말의 첫소리가 된소리로 나는 것
　　㉠ 귓병, 머릿방, 뱃병, 봇둑, 사잣밥, 샛강, 아랫방, 자릿세, 전셋집, 찻잔, 찻종, 콧병, 탯줄, 텃세, 핏기, 횟가루
　　・뒷말의 첫소리 'ㄴ, ㅁ' 앞에서 'ㄴ'소리가 덧나는 것
　　㉠ 곗날, 제삿날, 훗날, 툇마루, 양칫물
　　・뒷말의 첫소리 모음 앞에서 'ㄴㄴ'소리가 덧나는 것
　　㉠ 가욋일, 사삿일, 예삿일, 훗일
　㉢ 두 음절로 된 다음 한자어
　　㉠ 곳간(庫間), 셋방(貰房), 숫자(數字), 찻간(車間), 툇간(退間), 횟수(回數)
⑤ 두 말이 어울릴 적에 'ㅂ'소리나 'ㅎ'소리가 덧나는 것은 소리대로 적는다.

㉠ 'ㅂ' 소리가 덧나는 것
  예) 댑싸리(대ㅂ싸리), 멥쌀(메ㅂ쌀), 볍씨(벼ㅂ씨), 입때(이ㅂ때), 입쌀(이ㅂ쌀), 좁쌀(조ㅂ쌀), 햅쌀(해ㅂ쌀)
㉡ 'ㅎ' 소리가 덧나는 것
  예) 머리카락(머리ㅎ가락), 살코기(살ㅎ고기), 수캐(수ㅎ개), 수컷(수ㅎ컷), 수탉(수ㅎ닭), 안팎(안ㅎ밖), 암캐(암ㅎ개), 암컷(암ㅎ컷)

2) 띄어쓰기

(1) 조사

① 조사는 그 앞말에 붙여 쓴다.
  예) 꽃이 꽃마저, 꽃밖에, 꽃에서부터, 꽃으로만, 꽃이나마, 꽃이다, 꽃입니다, 꽃처럼, 어디까지나, 거기도, 멀리는, 웃고만

(2) 의존 명사, 단위를 나타내는 명사 및 열거하는 말 등

① 의존 명사는 띄어 쓴다.
  예) 아는 것이 힘이다.   나도 할 수 있다.
      먹을 만큼 먹어라.   아는 이를 만났다.
      네가 뜻한 바를 알겠다.   그가 떠난 지가 오래다.

② 단위를 나타내는 명사는 띄어 쓴다.
  예) 한 개, 차 한 대, 금 서 돈, 소 한 마리, 옷 한 벌, 열 살, 조기 한 손, 연필 한 자루, 버선 한 죽, 집 한 채, 신 두 켤레, 북어 한 쾌
  ※ 다만, 순서를 나타내는 경우나 숫자와 어울리어 쓰이는 경우에는 붙여 쓸 수 있다.
  예) 두시 삼십분 오초, 제일과, 삼학년, 육층, 1446년 10월 9일, 2대대, 16동 502호, 제1어학실습실, 80원, 10개, 7미터

③ 수를 적을 때에는 '만(萬)' 단위로 띄어 쓴다.
  예) 십이억 삼천사백오십육만 칠천팔백구십팔
      12억 3456만 7898

④ 두 말을 이어 주거나 열거할 때에 쓰이는 말들은 띄어 쓴다.
   예) 국장 겸 과장, 열 내지 스물, 청군 대 백군, 책상, 걸상 등이 있다. 이사장 및 이사들, 사과, 배, 귤 등등, 사과, 배 등속, 부산, 광주 등지
⑤ 단음절로 된 단어가 연이어 나타날 때에는 붙여 쓸 수 있다.
   예) 그때 그곳, 좀더 큰것, 이말 저말, 한잎 두잎

동일한 형태가 경우에 따라 다르게 쓰이는 예를 들어 보이면 다음과 같다.

① '들'이 '남자들, 학생들'처럼 하나의 단어에 결합하여 복수를 나타내는 경우는 접미사로 다루어 붙여 쓰지만, 두 개 이상의 사물을 열거하는 구조에서 '그런 따위'란 뜻을 나타내는 경우는 의존 명사이므로 띄어 쓴다.
   예) 쌀, 보리, 콩, 조, 기장 들을 오곡(五穀)이라 한다.
② '뿐'이 '남자뿐이다, 셋뿐이다'처럼 체언 뒤에 붙어서 한정의 뜻을 나타내는 경우는 접미사로 다루어 붙여 쓰지만, 용언의 관형사형 '-을' 뒤에서 '따름'이란 뜻을 나타내는 경우는 의존명사이므로 띄어 쓴다.
   예) 웃을 뿐이다. 만졌을 뿐이다.
③ '대로'가 '법대로, 약속대로'처럼 체언 뒤에 붙어서 '그와 같이'란 뜻을 나타내는 경우는 조사이므로 붙여 쓰지만, 용언의 관형사형 뒤에서 '그와 같이'란 뜻을 나타내는 경우는 의존 명사이므로 띄어 쓴다.
   예) 아는 대로 말한다. 약속한 대로 이행한다.
④ '만큼'이 '여자도 남자만큼 일한다. 키가 전봇대만큼 크다.'처럼 체언 뒤에 붙어서 '그런 정도로'라는 뜻을 나타내는 경우는 조사이므로 붙여 쓰지만, 용언의 관형사형 뒤에서 '그런 정도로',

또는 '실컷'이란 뜻을 나타내는 경우는 의존 명사이므로 띄어 쓴다.

㉠ 볼 만큼 보았다. 애쓴 만큼 얻는다.

⑤ '만'이 '하나만 알고, 둘은 모른다. 이것은 그것만 못하다.'처럼 체언에 붙어서 한정 또는 비교의 뜻을 나타내는 경우는 조사이므로 붙여 쓰지만, 경과한 시간을 나타내는 경우는 의존명사이므로 띄어 쓴다.

㉠ 떠난 지 사흘 만에 돌아왔다. 온 지 1년 만에 떠나갔다.

⑥ '집이 큰지 작은지 모르겠다.'처럼 쓰이는 '-지'는 어미의 일부이므로 붙여 쓰지만, 용언의 관형사형 뒤에서 경과한 시간을 나타내는 경우는 의존 명사이므로 띄어 쓴다.

㉠ 그가 떠난 지 보름이 지났다. 그를 만난 지 한 달이 지났다.

⑦ '차(次)'가 '연수차(硏修次) 도미(渡美)한다.'처럼 명사 뒤에 붙어서 '…하려고'란 뜻을 나타내는 경우는 접미사로 다루어 붙여 쓰지만, 용인의 관형사형 뒤에서 '어떤 기회에 겸해서'란 뜻을 나타내는 경우는 의존 명사이므로 띄어 쓴다.

㉠ 고향에 갔던 차에 선을 보았다.

⑧ '판'이 '노름판, 씨름판, 웃음판'처럼 쓰일 때는 합성어를 이루는 명사이므로 붙여 쓰지만, 수 관형사 뒤에서 승부를 겨루는 일의 수효를 나타내는 경우는 의존 명사이므로 띄어 쓴다.

㉠ 바둑 한 판 두자. 장기를 세 판이나 두었다.

(3) 보조 용언

① 보조 용언은 띄어 씀을 원칙으로 하되, 경우에 따라 붙여 씀도 허용한다(ㄱ을 원칙으로 하고, ㄴ을 허용함).

㉠
ㄱ	ㄴ
불이 꺼져 간다.	불이 꺼져간다.

내 힘으로 막아 낸다.　　　내 힘으로 막아낸다.
어머니를 도와 드린다.　　어머니를 도와드린다.
그릇을 깨뜨려 버렸다.　　그릇을 깨뜨려버렸다.
비가 올 듯하다.　　　　　비가 올듯하다.
일이 될 법하다.　　　　　일이 될법하다.
그 일은 할 만하다.　　　　그 일은 할만하다.
잘 아는 척한다.　　　　　잘 아는척한다.

※ 다만, 앞말에 조사가 붙거나 앞말이 합성 동사인 경우, 그리고 중간에 조사가 들어갈 때에는 그 뒤에 오는 보조 용언은 띄어 쓴다.

㉔ 잘도 놀아만 나는구나!　　　책을 읽어도 보고…….
　　네가 덤벼들어 보아라.　　　강물에 떠내려가 버렸다.
　　그가 올 듯도 하다.　　　　　잘난 체를 한다.

(4) 고유 명사 및 전문 용어

① 성과 이름, 성과 호 등은 붙여 쓰고, 이에 덧붙는 호칭어, 관직명 등은 띄어 쓴다.

㉔ 김양수(金良洙), 서화담(徐花潭), 채영신 씨, 최치원 선생, 박동식 박사, 충무공 이순신 장군

※ 다만, 성과 이름, 성과 호를 분명히 구분할 필요가 있을 경우에는 띄어 쓸 수 있다.

㉔ 남궁억/남궁 억, 독고준/독고 준, 황보지봉(皇甫芝峰)/황보 지봉

② 성명 이외의 고유 명사는 단어별로 띄어 씀을 원칙으로 하되, 단위별로 띄어 쓸 수 있다(ㄱ을 원칙으로 하고, ㄴ을 허용함).

㉔　　　　ㄱ　　　　　　　　ㄴ
　　만성 골수성 백혈병　　만성골수성백혈병
　　중거리 탄도 유도탄　　중거리탄도유도탄

3) 유음이의어

다음 말들은 각각 구별하여 적는다.

가름 : 둘로 가름
갈음 : 새 책상으로 갈음하였다.

걷잡다 : 걷잡을 수 없는 사태
겉잡다 : 겉잡아서 이틀 걸릴 일

그러므로(그러니까) : 그는 부지런하다. 그러므로 잘 산다.
그럼으로(써)(그렇게 하는 것으로) : 그는 열심히 공부한다. 그럼으로(써)
　　　　　　　　　　　　　　　　은혜에 보답한다.

느리다 : 진도가 너무 느리다.
늘이다. : 고무줄을 늘인다.
늘리다 : 수출량을 더 늘린다.

다리다 : 옷을 다린다.
달이다 : 약을 달인다.

다치다 : 부주의로 손을 다쳤다.
닫히다 : 문이 저절로 닫혔다.
닫치다 : 문을 힘껏 닫쳤다.

목거리 : 목거리가 덧났다.
목걸이 : 금 목걸이, 은 목걸이

바치다 : 나라를 위해 목숨을 바쳤다.
받치다 : 우산을 받치고 간다. 책받침을 받친다.
받히다 : 쇠뿔에 받혔다.
밭치다 : 술을 체에 밭친다.

반드시 : 약속은 반드시 지켜라.
반듯이 : 고개를 반듯이 들어라.

부딪치다 : 차와 차가 마주 부딪쳤다.
부딪히다 : 나는 걷다가 전봇대에 부딪혔다.

부치다 : 힘이 부치는 일이다.
        편지를 부친다.
        논밭을 부친다.
        회의에 부치는 안건
        인쇄에 부치는 원고
        삼촌 집에 숙식을 부친다.
붙이다 : 우표를 붙인다.
         책상을 벽에 붙였다.
         흥정을 붙인다.
         불을 붙인다.
         감시원을 붙인다.
         조건을 붙인다.
         취미를 붙인다.
         별명을 붙인다.

안치다 : 밥을 안친다.
앉히다 : 윗자리에 앉힌다.

어름 : 경계선 어름에서 일어난 현상
얼음 : 얼음이 얼었다.

저리다 : 다친 다리가 저린다.
절이다 : 김장 배추를 절인다.

조리다 : 생선을 조린다. 통조림, 병조림
졸이다 : 마음을 졸인다.

하노라고 : 하노라고 한 것이 이 모양이다.
하느라고 : 공부하느라고 밤을 새웠다.

-느니보다(어미) : 나를 찾아 오느니보다 집에 있거라.
-는 이보다(의존 명사) : 오는 이가 가는 이보다 많다.

-(으)리만큼(어미) : 그가 나를 미워하리만큼 내가 그에게 잘못한 일이 없다.
-(으)ㄹ 이만큼(의존 명사) : 찬성할 이도 반대할 이만큼이나 많을 것이다.

-(으)러(목적) : 공부하러 간다.
-(으)려(의도) : 서울 가려 한다.

-(으)로서(자격) : 사람으로서 그럴 수는 없다.
-(으)로써(수단) : 닭으로써 꿩을 대신했다.

-(으)므로(어미) : 그가 나를 믿으므로 나도 그를 믿는다.
(-ㅁ, -음)으로(써)(조사) : 그는 믿음으로(써) 산 보람을 느꼈다.

4) 그 밖의 것

(1) 부사의 끝음절이 분명히 '이'로만 나는 것은 '-이'로 적고 '히'로만 나거나 '이'나 '히'로 나는 것은 '-히'로 적는다.

① '이'로만 나는 것

　　(예) 깨끗이, 느긋이, 따뜻이, 반듯이, 버젓이, 의젓이, 산뜻이, 가까이, 고이, 번번이, 틈틈이, 날카로이, 대수로이, 겹겹이, 축축이, 촉촉이, 볼록. 불룩이

② '히'로만 나는 것

　　(예) 극히, 급히, 딱히, 속히, 작히, 족히, 특히, 엄격히, 정확히

③ '이, 히'로 나는 것
   ㉠ 솔직히, 가만히, 간편히, 나른히, 무단히, 각별히, 소홀히, 쓸쓸히, 정결히, 과감히, 꼼꼼히, 심히, 열심히, 급급히, 답답히, 섭섭히, 공평히, 능히, 당당히, 분명히, 상당히, 조용히, 간소히, 고요히, 도저히

(2) 다음과 같은 접미사는 된소리로 적는다.
   ㉠ 때깔, 빛깔, 성깔, 지게꾼, 장꾼, 일꾼, 귀때기, 볼때기, 판자때기, 뒤꿈치, 이마빼기, 코빼기, 개쩍다, 겸연쩍다

(3) 두 가지로 구별하여 적던 다음 말들은 한 가지로 적는다.
   ㉠ 맞추다(입을 맞추다, 양복을 맞추다)
      뻗치다(다리를 뻗치다, 멀리 뻗치다)

(4) 다음과 같은 것들은 구개음화 되지 아니한다.
   ㉠ 맏이, 해돋이, 굳이, 핥이다, 걷히다, 닫히다, 묻히다

(5) '계, 례, 몌, 폐, 혜'의 'ㅖ'는 'ㅔ'로 소리나는 경우가 있더라도 'ㅖ'로 적는다.
   ㉠ 계수, 사례, 연몌, 폐품, 혜택, 계집, 핑계, 계시다
   ※ 다만 다음 말은 본음대로 적는다.
   ㉠ 게송, 게시판, 휴게실

(6) 두음 법칙
 ① 한자음 '녀, 뇨, 뉴, 니'가 단어 첫머리에 올 적에는 두음법칙에 따라 '여, 요, 유, 이'로 적는다.
   ㉠ 여자, 연세, 유대, 익명
 ※ 다만 접두사처럼 쓰이는 한자가 붙어서 된 말이나 합성어에서 뒷말의 첫소리가 'ㄴ'소리로 나더라도 두음법칙에 따라 적는다.
   ㉠ 신여성, 공염불, 남존여비

② 한자음 '랴, 려, 례, 료, 류, 리'가 단어의 첫머리에 올 적에는 두음법칙에 따라 '야, 여, 예, 요, 유, 이'로 적고 첫머리 이외의 경우에는 본음대로 적는다.
　　예 개량(改良), 선량(善良), 수력(水力), 협력(協力), 사례(謝禮), 혼례(婚禮), 와룡(臥龍), 쌍룡(雙龍), 하류(下流), 급류(急流), 도리(道理), 진리(眞理)
　※ 다만 모음이나 'ㄴ'받침 뒤에 이어지는 '렬, 률'은 '열, 율'로 적는다.
　　예 나열(羅列), 분열(分裂), 비율(比率), 치열(齒列), 선열(先烈), 실패율(失敗率), 비열(卑劣), 진열(陳列), 전율(戰慄), 규율(規律), 선율(旋律), 백분율(百分率)
③ 한자음 '라, 래, 로, 뢰, 루, 르'가 단어의 첫머리에 올 적에는 두음법칙에 따라 '나, 내, 노, 뇌, 누, 느'로 적고 첫머리 이외의 경우에는 본음대로 적는다.
　　예 낙원(樂園), 내일(來日), 뇌성(雷聲), 누각(樓閣), 능묘(陵墓), 쾌락(快樂), 극락(極樂), 거래(去來), 왕래(往來), 부로(父老), 연로(年老), 지뢰(地雷), 낙뢰(落雷), 고루(高樓), 광한루(廣寒樓), 가정란(家庭欄), 동구릉(東九陵)
④ 다음과 같은 의존 명사에서는 '냐, 녀'음을 인정한다.
　　예 냥(兩)　　냥쭝(兩)　　년(年)(몇 년)
　　　녀석, 년, 님(바느질 한 님), 닢(엽전 한 닢), 임('님'이 아님)10)
⑤ 접두사처럼 쓰이는 한자가 붙어서 된 말이나 합성어에서 뒷말의 첫소리가 'ㄴ' 또는 'ㄹ' 소리로 나더라도 두음법칙에 따라 적는다.
　　예 역이용(逆利用)　　연이율(年利率)　　열역학(熱力學)　　해외여행(海

---

10) '님(명사)'의 표기는 전통적으로 내려온 일종의 역사적 표기법이었다. 고려 속요의 백미인 '가시리'(셜온 님 보내옵노니 가시는 듯 됴셔오셔쇼), 조선 전기의 대표적 가사인 정철의 '思美人曲'(이 몸이 삼기실제 님을 조차 삼기시니)을 거쳐 1920년대 한용운의 시 '님의 침묵'에 이르기까지 언중에 익숙한 표기로 전해져 왔다. 그러나 '님'이 아니라, '임'으로 표기해야 한다.

外旅行)

'몰이해(沒理解), 과인산(過燐酸), 가영수(假領收), 등용문(登龍門), 불이행(不履行), 사육신(死六臣), 생육신(生六臣), 선이자(先利子), 소연방(蘇聯邦), 청요리(淸料理), 수학여행(修學旅行)
<예외> 미립자(微粒子), 소립자(素粒子), 수류탄(手榴彈), 파렴치(破廉恥), 몰염치(沒廉恥), 총유탄(銃榴彈)

⑥ 고유어 뒤에 한자어가 결합한 경우는 뒤의 한자어 형태소가 하나의 단어로 인식되므로, 두음법칙을 적용하여 적는다.
   예) 개-연(蓮) : 수-련(蓮), 구름-양(量) : 강수-량(量),
   수-용(龍) : 청-룡(龍)

⑦ 한 단어 안에서 같은 음절이나 비슷한 음절이 겹쳐 나는 부분은 같은 글자로 적는다.
   예) 연연불망(戀戀不忘), 유유상종(類類相從), 누누이(屢屢-), 놀놀하다, 눅눅하다, 밋밋하다

그러나 그 밖의 경우는 (제2음절 이하에서) 본음대로 적는 것이 원칙이다.

   예) 낭랑(朗朗)하다, 냉랭(冷冷)하다, 녹록(碌碌)하다, 늠름(凜凜)하다, 연년생(年年生), 염념불망(念念不忘), 역력(歷歷)하다, 인린(燐燐)하다

(7) 기타
  ① 두음 이외의 '陵, 亂, 拉, 雷'는 'ㄹ'로 적는다.
     예) 강릉(江陵), 정릉(貞陵), 피란(避亂), 혼란(混亂), 피랍(被拉), 피뢰침(避雷針)
  ② '不'은 'ㄷ, ㅈ' 앞에서만 '불'이 아니라 '부'로 적는다.
     예) 부정(不貞), 부동(不動)
  ③ 두 개의 용언이 어울려 한 개의 용언이 될 적에, 앞말의 본뜻이

유지되고 있는 것은 그 원형을 밝히어 적고, 그 본뜻에서 멀어진 것은 밝히어 적지 아니한다.
㉠ 앞말의 본뜻이 유지되고 있는 것
  ⓔ 넘어지다, 늘어나다, 늘어지다, 돌아가다, 되짚어가다, 들어가다, 떨어지다, 벌어지다, 엎어지다, 접어들다, 틀어지다, 흩어지다
㉡ 본뜻에서 멀어진 것
  ⓔ 드러나다, 사라지다, 쓰러지다

2. 표준어

1) 자 음

(1) 다음 단어들은 거센소리를 가진 형태를 표준어로 삼는다.
  ⓔ 녘(동녘, 들녘, 새벽녘, 동틀녘), 부엌, 살쾡이, 칸(칸막이, 빈칸, 방 한 칸 / '초가삼간, 윗간'의 경우에는 '간'임)

(2) 다음 단어들은 의미를 구별함이 없이, 한 가지 형태만을 표준어로 삼는다.
  ⓔ 돌, 둘째, 셋째, 넷째, 빌리다
  ※ 다만, '둘째'는 십 단위 이상의 서수사에 쓰일 때에 '두째'로 한다.
  ⓔ 열두째, 스물두째 (* 열두 개째의 뜻은 '열둘째', 스물두 개째의 뜻은 '스물둘째'로 함)
    ① '돐(주기 기념)도 '돌'로 통일함
    ② '빌다'도 '빌리다'로 통일함

(3) 수컷을 이르는 접두사는 모두 '수-'로 통일한다.
  ⓔ 수꿩, 수나사, 수놈, 수사돈, 수소[황소], 수은행나무
  ※ 다만, '수캉아지, 수캐, 수컷, 수키와, 수탉, 수탕나귀, 수톨쩌귀, 수퇘지, 수평아리'와 '숫양, 숫염소, 숫쥐'만을 예외로 한다.

(4) 어감의 차이를 나타내는 단어 또는 발음이 비슷한 단어들이 다 같이 널리 쓰이는 경우에는, 그 모두를 표준어로 삼는다.

    예) 거슴츠레하다 : 게슴츠레하다,   고까 : 꼬까
        고린내 : 코린내,   교기 : 갸기
        구린내 : 쿠린내,   꺼림하다 : 께름하다
        나부랭이 : 너부렁이

(5) 고유어 계열의 단어가 생명력을 잃고 그에 대응되는 한자어 계열의 단어가 널리 쓰이면, 한자어 계열의 단어를 표준어로 삼는다(㉠을 표준어로 삼고, ㉡을 버림).

㉠	㉡
개다리 소반	개다리 밥상
겸상	맞상
고봉밥	높은밥
단벌	홑벌
방고래	구들고래
부항단지	뜸단지
산줄기	멧줄기
수삼	무삼
양파	둥근파
총각무	알무/알타리무

(6) 방언이던 단어가 표준어보다 더 널리 쓰이게 된 것은, 그것을 표준어로 삼는다. 이 경우, 원래의 표준어는 그대로 표준어로 남겨 두는 것을 원칙으로 한다(㉠을 표준어로 삼고, ㉡도 표준어로 남겨 둠).

㉠	㉡
멍게	우렁쉥이
물방개	선두리

애순 어린순

(7) 의미가 똑같은 형태가 몇 가지 있을 경우, 그 중 어느 하나가 압도적으로 널리 쓰이면, 그 단어만을 표준어로 삼는다(㉠을 표준어로 삼고, ㉡을 버림).

㉠	㉡
까다롭다	까탈스럽다
등나무	등칡
밀짚모자	보릿짚모자
부스러기	부스럭지
부항단지	부항항아리
샛별	새벽별
손목시계	팔목시계
숙성하다	숙지다
신기롭다	신기스럽다
쌩동밤	쪽밤
주책없다	주책이다

2) 모 음

(1) 양성 모음이 음성 모음으로 바뀌어 굳어진 단어는 음성 모음 형태를 표준어로 삼는다.

㉔ 깡충깡충, -둥이, 오뚝이, 발가숭이, 보퉁이

※ 다만, 어원의식이 강하게 작용하는 다음 단어에서는 양성 모음 형태를 그대로 표준어로 삼는다. 부조(扶助), 사돈(査頓), 삼촌(三寸)

① '-동이'를 버리고 '-둥이'로 한다.

㉔ 막둥이, 쌍둥이, 검둥이, 바람둥이, 흰둥이, 귀둥이, 업둥이, 선둥이

② '깡총깡총'은 모음조화를 지키는 음성상징어이지만 '깡충깡충'으로 표기한다.

(2) 'ㅣ' 역행 동화 현상에 의한 발음은 원칙적으로 표준 발음으로 인정하지 아니하되, 다만 다음 단어들은 그러한 동화가 적용된 형태를 표준어로 삼는다.
  예 -내기, 냄비, 동댕이치다, 아지랑이
 ① '-내기'와 '-나기'를 모두 '-내기'로 통일함.
  예 서울내기, 시골내기, 신출내기, 풋내기
 ② '남비'는 '냄비'로, '아지랭이'는 '아지랑이'로

(3) 다음 단어는 모음이 단순화한 형태를 표준어로 삼는다.
  예 괴팍하다, 강퍅하다, 미루나무, 미륵, 여느, 으레, 케케묵다

(4) 다음 단어에서는 모음의 발음 변화를 인정하여, 발음이 바뀌어 굳어진 형태를 표준어로 삼는다.
  예 -구려, 깍쟁이, 나무라다, 미수, 바라다(*'바램'은 비표준어)
    상추, 주책, 지루하다, 튀기, 허드레, 호루라기

(5) '웃-' 및 '윗-'은 명사 '위'에 맞추어 '윗'으로 통일한다.
  예 윗넓이, 윗눈썹, 윗니, 윗도리, 윗머리, 윗수염, 윗입술, 윗자리,
    윗막이, 윗목, 윗몸, 윗바람, 윗배, 윗벌, 윗사랑, 윗변, 윗잇몸
 ① 된소리나 거센소리 앞에서는 '위-'로 한다.
  예 위짝, 위쪽, 위채, 위층, 위치마, 위턱, 위팔
 ② '아래, 위'의 대립이 없는 단어는 '웃-'으로 발음되는 형태를 표준어로 삼는다.
  예 웃국, 웃기, 웃돈, 웃비, 웃어른

(6) 한자 '구(句)'가 붙어서 이루어진 단어는 '귀'로 읽는 것을 인정하지 아니하고 '구'로 통일한다.
  예 구절, 결구, 난구, 단구, 대구, 문구, 성구, 시구, 어구, 인용구, 절구

※ 다음 단어는 '귀'로 발음되는 형태를 표준어로 삼는다.
  ㉠ 글귀

3. 표준발음법

제1장 총 칙

제1항 표준 발음법은 표준어의 실제 발음을 따르되, 국어의 전통성과 합리성을 고려하여 정함을 원칙으로 한다.

제2장 자음과 모음

제2항 표준어의 자음은 다음 19개로 한다.
ㄱ ㄲ ㄴ ㄷ ㄸ ㄹ ㅁ ㅂ ㅃ ㅅ ㅆ ㅇ ㅈ ㅉ
ㅊ ㅋ ㅌ ㅍ ㅎ

제3항 표준어의 모음은 다음 21개로 한다.
ㅏ ㅐ ㅑ ㅒ ㅓ ㅔ ㅕ ㅖ ㅗ ㅘ ㅙ ㅚ ㅛ ㅜ
ㅝ ㅞ ㅟ ㅠ ㅡ ㅢ ㅣ

제4항 'ㅏ ㅐ ㅓ ㅔ ㅗ ㅚ ㅜ ㅟ ㅡ ㅣ'는 단모음(單母音)으로 발음한다.
 [붙임] 'ㅚ, ㅟ'는 이중 모음으로 발음할 수 있다.

제5항 'ㅑ ㅒ ㅕ ㅖ ㅘ ㅙ ㅛ ㅝ ㅞ ㅠ ㅢ'는 이중 모음으로 발음한다.
 다만 1. 용언의 활용형에 나타나는 '져, 쪄, 쳐'는 [저, 쩌, 처]로 발음한다.

      가지어 → 가져[가저] 찌어 → 쩌[쩌] 다치어 → 다쳐[다처]

다만 2. '예, 례' 이외의 'ㅖ'는 [ㅔ]로도 발음한다.

      계집[계 : 집/게 : 집]   계시다[계 : 시다/게 : 시다]
      시계[시계/시게](時計)   연계[연계/연게](連繫)
      몌별[몌별/메별](袂別)   개폐[개폐/개페](開閉)
      혜택[혜 : 택/헤 : 택](惠澤)   지혜[지혜/지헤](智慧)

다만 3. 자음을 첫소리로 가지고 있는 음절의 'ㅢ'는 [ㅣ]로 발음한다.

      늴리리   닁큼   무늬   띄어쓰기   씌어
      틔어   희어   희떱다   희망   유희

다만 4. 단어의 첫음절 이외의 '의'는 [ㅣ]로, 조사 '의'는 [ㅔ]로 발음함도 허용한다.

      주의[주의/주이]   협의[혀븨/혀비]
      우리의[우리의/우리에]   강의의[강 : 의의/강 : 이에]

제 3 장 소리의 길이

제 6 항 모음의 장단을 구별하여 발음하되, 단어의 첫음절에서만 긴소리가 나타나는 것을 원칙으로 한다.

  (1) 눈보라[눈 : 보라]   말씨[말 : 씨]   밤나무[밤 : 나무]
     많다[만 : 타]   멀리[멀 : 리]   벌리다[벌 : 리다]
  (2) 첫눈[천눈]   쌍동밤[쌍동밤]   떠벌리다[떠벌리다]
     수많이[수 : 마니]   눈멀다[눈멀다]   참말[참말]

다만, 합성어의 경우에는 둘째 음절 이하에서도 분명한 긴소리를 인정한다.

      반신반의[반 : 신 바 : 늬/반 : 신 바 : 니] 재삼재사[재 : 삼 재 : 사]

[붙임] 용언의 단음절 어간에 어미 '-아/-어'가 결합되어 한 음절

로 축약되는 경우에도 긴소리로 발음한다.

> 보아 → 봐[봐:]　　기어 → 겨[겨:]　　되어 → 돼[돼:]
> 두어 → 둬[둬:]　　하여 → 해[해:]

다만, '오아 → 와, 지어 → 져, 찌어 → 쪄, 치어 → 쳐' 등은 긴소리로 발음하지 않는다.

제 7 항　긴소리를 가진 음절이라도, 다음과 같은 경우에는 짧게 발음한다.

1. 단음절인 용언 어간에 모음으로 시작된 어미가 결합되는 경우

> 감다[감:따] — 감으니[가므니]
> 밟다[밥:따] — 밟으면[발브면]
> 신다[신:따] — 신어[시너]　　알다[알:다] — 알아[아라]

다만, 다음과 같은 경우에는 예외적이다.

> 끌다[끌:다] — 끌어[끄:러]　떫다[떨:따] — 떫은[떨:븐]
> 벌다[벌:다] — 벌어[버:러]　썰다[썰:다] — 썰어[써:러]
> 없다[업:따] — 없으니[업:쓰니]

2. 용언 어간에 피동, 사동의 접미사가 결합되는 경우

> 감다[감:따] — 감기다[감기다]
> 꼬다[꼬:다] — 꼬이다[꼬이다]
> 밟다[밥:따] — 밟히다[발피다]

다만, 다음과 같은 경우에는 예외적이다.

> 끌리다[끌:리다]　　벌리다[벌:리다]　　없애다[업:쌔다]

[붙임] 다음과 같은 합성어에서는 본디의 길이에 관계없이 짧게 발음한다.

> 밀-물　　썰-물　　쏜-살-같이　　작은-아버지

제 4 장 받침의 발음

제 8 항   받침소리로는 'ㄱ, ㄴ, ㄷ, ㄹ, ㅁ, ㅂ, ㅇ'의 7 개 자음만 발음한다.

제 9 항   받침 'ㄲ, ㅋ', 'ㅅ, ㅆ, ㅈ, ㅊ, ㅌ', 'ㅍ'은 어말 또는 자음 앞에서 각각 대표음 [ㄱ, ㄷ, ㅂ]으로 발음한다.

  닦다[닥따] 키읔[키윽] 키읔과[키윽꽈] 옷[옫]
  웃다[욷ː따] 있다[읻따] 젖[젇] 빚다[빋따]
  꽃[꼳] 쫓다[쫃따] 솥[솓] 뱉다[밷ː따]
  앞[압] 덮다[덥따]

제10항   겹받침 'ㄳ', 'ㄵ', 'ㄼ, ㄽ, ㄾ', 'ㅄ'은 어말 또는 자음 앞에서 각각 [ㄱ, ㄴ, ㄹ, ㅂ]으로 발음한다.

  넋[넉] 넋과[넉꽈] 앉다[안따]
  여덟[여덜] 넓다[널따] 외곬[외골]
  핥다[할따] 값[갑] 없다[업ː따]

다만, '밟-'은 자음 앞에서 [밥]으로 발음하고, '넓-'은 다음과 같은 경우에 [넙]으로 발음한다.

 (1) 밟다[밥ː따] 밟소[밥ː쏘] 밟지[밥ː찌]
   밟는[밥ː는 → 밤ː는] 밟게[밥ː께] 밟고[밥ː꼬]
 (2) 넓-죽하다[넙쭈카다] 넓-둥글다[넙뚱글다]

제11항   겹받침 'ㄺ, ㄻ, ㄿ'은 어말 또는 자음 앞에서 각각 [ㄱ, ㅁ, ㅂ]으로 발음한다.

  닭[닥] 흙과[흑꽈] 맑다[막따] 늙지[늑찌]
  삶[삼ː] 젊다[점ː따] 읊고[읍꼬] 읊다[읍따]

다만, 용언의 어간 말음 'ㄺ'은 'ㄱ' 앞에서 [ㄹ]로 발음한다.

  맑게[말께] 묽고[물꼬] 얽거나[얼꺼나]

제12항 받침 'ㅎ'의 발음은 다음과 같다.
1. 'ㅎ(ㄶ, ㅀ)' 뒤에 'ㄱ, ㄷ, ㅈ'이 결합되는 경우에는, 뒤 음절 첫소리와 합쳐서 [ㅋ, ㅌ, ㅊ]으로 발음한다.
   놓고[노코]   좋던[조:턴]   쌓지[싸치]   많고[만:코]
   않던[안턴]   닳지[달치]

[붙임 1] 받침 'ㄱ(ㄺ), ㄷ, ㅂ(ㄼ), ㅈ(ㄵ)'이 뒤 음절 첫소리 'ㅎ'과 결합되는 경우에도, 역시 두 음을 합쳐서 [ㅋ, ㅌ, ㅍ, ㅊ]으로 발음한다.
   각하[가카]   먹히다[머키다]   밝히다[발키다]
   맏형[마텽]   좁히다[조피다]   넓히다[널피다]
   꽂히다[꼬치다]   앉히다[안치다]

[붙임 2] 규정에 따라 'ㄷ'으로 발음되는 'ㅅ, ㅈ, ㅊ, ㅌ'의 경우에도 이에 준한다.
   옷 한 벌[오탄벌]   낮 한때[나탄때]
   꽃 한 송이[꼬탄송이]   숱하다[수타다]

2. 'ㅎ(ㄶ, ㅀ)' 뒤에 'ㅅ'이 결합되는 경우에는, 'ㅅ'을 [ㅆ]으로 발음한다.
   닿소[다쏘]   많소[만:쏘]   싫소[실쏘]

3. 'ㅎ' 뒤에 'ㄴ'이 결합되는 경우에는, [ㄴ]으로 발음한다.
   놓는[논는]   쌓네[싼네]

[붙임3] 'ㄶ, ㅀ' 뒤에 'ㄴ'이 결합되는 경우에는, 'ㅎ'을 발음하지 않는다.
   않네[안네]   않는[안는]
   뚫네[뚤네 → 뚤레]   뚫는[뚤는 → 뚤른]

  * '뚫네[뚤네 → 뚤레], 뚫는[뚤는 → 뚤른]'에 대해서는 제20항 참조.

4. 'ㅎ(ㄶ, ㅀ)' 뒤에 모음으로 시작된 어미나 접미사가 결합되는 경우에는, 'ㅎ'을 발음하지 않는다.

낳은[나은]   놓아[노아]   쌓이다[싸이다]
많아[마ː나]   않은[아는]   닳아[다라]   싫어도[시러도]

제13항 홑받침이나 쌍받침이 모음으로 시작된 조사나 어미, 접미사와 결합되는 경우에는, 제 음가대로 뒤 음절 첫소리로 옮겨 발음한다.

깎아[까까]   옷이[오시]   있어[이써]   낮이[나지]
꽂아[꼬자]   꽃을[꼬츨]   쫓아[쪼차]   밭에[바테]
앞으로[아프로] 덮이다[더피다]

제14항 겹받침이 모음으로 시작된 조사나 어미, 접미사와 결합되는 경우에는, 뒤엣것만을 뒤 음절 첫소리로 옮겨 발음한다 (이 경우, 'ㅅ'은 된소리로 발음함).

넋이[넉씨]   앉아[안자]   닭을[달글]
젊어[절머]   곬이[골씨]   핥아[할타]
읊어[을퍼]   값을[갑쓸]   없어[업ː써]

제15항 받침 뒤에 모음 'ㅏ, ㅓ, ㅗ, ㅜ, ㅟ'들로 시작되는 실질 형태소가 연결되는 경우에는, 대표음으로 바꾸어서 뒤 음절 첫소리로 옮겨 발음한다.

밭 아래[바다래]   늪 앞[느밥]   젖어미[저더미]
맛없다[마덥따]   겉옷[거돋]   헛웃음[허두슴]
꽃 위[꼬뒤]

다만, '맛있다, 멋있다'는 [마싣따], [머싣따]로도 발음할 수 있다.
[붙임] 겹받침의 경우에는, 그 중 하나만을 옮겨 발음한다.

넋없다[너겁따]   닭 앞에[다가페]
값어치[가버치]   값있는[가빈는]

제16항 한글 자모의 이름은 그 받침소리를 연음하되, 'ㄷ, ㅈ, ㅊ, ㅋ, ㅌ, ㅍ, ㅎ'의 경우에는 특별히 다음과 같이 발음한다.

디귿이[디그시]　　디귿을[디그슬]　　디귿에[디그세]
지읒이[지으시]　　지읒을[지으슬]　　지읒에[지으세]
치읓이[치으시]　　치읓을[치으슬]　　치읓에[치으세]
키읔이[키으기]　　키읔을[키으글]　　키읔에[키으게]
티읕이[티으시]　　티읕을[티으슬]　　티읕에[티으세]
피읖이[피으비]　　피읖을[피으블]　　피읖에[피으베]
히읗이[히으시]　　히읗을[히으슬]　　히읗에[히으세]

제 5 장　소리의 동화

제17항 받침 'ㄷ, ㅌ(ㄾ)'이 조사나 접미사의 모음 'ㅣ'와 결합되는 경우에는, [ㅈ, ㅊ]으로 바꾸어서 뒤 음절 첫소리로 옮겨 발음한다.

곧이듣다[고지듣따]　　굳이[구지]　　미닫이[미다지]
땀받이[땀바지]　　밭이[바치]　　벼훑이[벼훌치]

[붙임] 'ㄷ' 뒤에 접미사 '히'가 결합되어 '티'를 이루는 것은 [치]로 발음한다.

굳히다[구치다]　　닫히다[다치다]　　묻히다[무치다]

제18항 받침 'ㄱ(ㄲ, ㅋ, ㄳ, ㄺ), ㄷ(ㅅ, ㅆ, ㅈ, ㅊ, ㅌ, ㅎ), ㅂ(ㅍ, ㄼ, ㄿ, ㅄ)'은 'ㄴ, ㅁ' 앞에서 [ㅇ, ㄴ, ㅁ]으로 발음한다.

먹는[멍는]　　국물[궁물]　　깎는[깡는]　　키읔만[키응만]
몫몫이[몽목씨]　　긁는[긍는]　　흙만[흥만]　　닫는[단는]
짓는[진ː는]　　옷맵시[온맵씨]　　있는[인는]　　맞는[만는]
젖멍울[전멍울]　　쫓는[쫀는]　　꽃망울[꼰망울]　　붙는[분는]
놓는[논는]　　잡는[잠는]　　밥물[밤물]　　앞마당[암마당]
밟는[밤ː는]　　읊는[음는]　　없는[엄ː는]　　값매다[감매다]

[붙임] 두 단어를 이어서 한 마디로 발음하는 경우에도 이와 같다.
        책 넣는다[챙넌는다]   흙 말리다[흥말리다]
        옷 맞추다[온마추다]   밥 먹는다[밤멍는다]
        값 매기다[감매기다]

제19항 받침 'ㅁ, ㅇ' 뒤에 연결되는 'ㄹ'은 [ㄴ]으로 발음한다.
        담력[담:녁]   침략[침냑]   강릉[강능]
        항로[항:노]   대통령[대:통녕]
[붙임] 받침 'ㄱ, ㅂ' 뒤에 연결되는 'ㄹ'도 [ㄴ]으로 발음한다.
        막론[막논 → 망논]   백리[백니 → 뱅니]
        협력[협녁 → 혐녁]   십리[십니 → 심니]

제20항 'ㄴ'은 'ㄹ'의 앞이나 뒤에서 [ㄹ]로 발음한다.
    (1) 난로[날:로]   신라[실라]   천리[철리]
        광한루[광:할루] 대관령[대:괄령]
    (2) 칼날[칼랄]   물난리[물랄리]
        줄넘기[줄럼끼]   할는지[할른지]
[붙임] 첫소리 'ㄴ'이 'ㅀ', 'ㄾ' 뒤에 연결되는 경우에도 이에 준한다.
        닳는[달른]   뚫는[뚤른]   핥네[할레]
다만, 다음과 같은 단어들은 'ㄹ'을 [ㄴ]으로 발음한다.
        의견란[의:견난]   임진란[임:진난]   생산량[생산냥]
        결단력[결딴녁]   공권력[공꿘녁]   동원령[동:원녕]
        상견례[상견네]   횡단로[횡단노]   이원론[이:원논]
        입원료[이붠뇨]   구근류[구근뉴]

제21항 위에서 지적한 이외의 자음 동화는 인정하지 않는다.
        감기[감:기](×[강:기])   옷감[옫깜](×[옥깜])
        있고[읻꼬](×[익꼬])   꽃길[꼳낄](×[꼭낄])

젖먹이[전머기](×[점머기])　　문법[문뻡](×[뭄뻡])
꽃밭[꼳빧](×[꼽빧])

제22항　다음과 같은 용언의 어미는 [어]로 발음함을 원칙으로 하되, [여]로 발음함도 허용한다.

　　되어[되어/되여]　　　　　피어[피어/피여]

　[붙임] '이오, 아니오'도 이에 준하여 [이요, 아니요]로 발음함을 허용한다.

제 6 장　된소리되기

제23항　받침 'ㄱ(ㄲ, ㅋ, ㄳ, ㄺ), ㄷ(ㅅ, ㅆ, ㅈ, ㅊ, ㅌ), ㅂ(ㅍ, ㄼ, ㄿ, ㅄ)' 뒤에 연결되는 'ㄱ, ㄷ, ㅂ, ㅅ, ㅈ'은 된소리로 발음한다.

　　국밥[국빱]　　깎다[깍따]　　넋받이[넉빠지]　　삯돈[삭똔]
　　닭장[닥짱]　　칡범[칙뻠]　　뻗대다[뻗때다]　　옷고름[옫꼬름]
　　있던[읻떤]　　꽂고[꼳꼬]　　꽃다발[꼳따발]　　낯설다[낟썰다]
　　밭갈이[받까리]　솥전[솓쩐]　　곱돌[곱똘]　　　덮개[덥깨]
　　옆집[엽찝]　　　　　　　　넓죽하다[넙쭈카다]
　　값지다[갑찌다]　　　　　　읊조리다[읍쪼리다]

제24항　어간 받침 'ㄴ(ㄵ), ㅁ(ㄻ)' 뒤에 결합되는 어미의 첫소리 'ㄱ, ㄷ, ㅅ, ㅈ'은 된소리로 발음한다.

　　신고[신ː꼬]　　껴안다[껴안따]　　앉고[안꼬]　　얹다[언따]
　　삼고[삼ː꼬]　　더듬지[더듬찌]　　닮고[담ː꼬]　　젊지[점ː찌]

　다만, 피동, 사동의 접미사 '-기-'는 된소리로 발음하지 않는다.

　　안기다　　　감기다　　　굶기다　　　옮기다

제25항　어간 받침 'ㄼ, ㄾ' 뒤에 결합되는 어미의 첫소리 'ㄱ, ㄷ, ㅅ, ㅈ'은 된소리로 발음한다.

넓게[널게]   핥다[할따]   훑소[훌쏘]   떫지[떨ː찌]

제26항 한자어에서, 'ㄹ' 받침 뒤에 연결되는 'ㄷ, ㅅ, ㅈ'은 된소리로 발음한다.

갈등[갈뜽]   발동[발똥]   절도[절또]   말살[말쌀]
불소[불쏘](弗素) 일시[일씨] 갈증[갈쯩]   물질[물찔]
발전[발쩐]   몰상식[몰쌍식]   불세출[불쎄출]

다만, 같은 한자가 겹쳐진 단어의 경우에는 된소리로 발음하지 않는다.

허허실실[허허실실](虛虛實實) 절절-하다[절절하다](切切-)

제27항 관형사형 '-(으)ㄹ' 뒤에 연결되는 'ㄱ, ㄷ, ㅂ, ㅅ, ㅈ'은 된소리로 발음한다.

할 것을[할꺼슬]   갈 데가[갈떼가]   할 바를[할빠를]
할 수는[할쑤는]   할 적에[할쩌게]   갈 곳[갈꼳]
할 도리[할또리]   만날 사람[만날싸람]

다만, 끊어서 말할 적에는 예사소리로 발음한다.

[붙임] '-(으)ㄹ'로 시작되는 어미의 경우에도 이에 준한다.

할걸[할껄]   할밖에[할빠께]   할세라[할쎄라]
할수록[할쑤록]   할지라도[할찌라도]
할지언정[할찌언정] 할진대[할찐대]

제28항 표기상으로는 사이시옷이 없더라도, 관형격 기능을 지니는 사이시옷이 있어야 할(휴지가 성립되는) 합성어의 경우에는, 뒤 단어의 첫소리 'ㄱ, ㄷ, ㅂ, ㅅ, ㅈ'을 된소리로 발음한다.

문-고리[문꼬리]   눈-동자[눈똥자]   신-바람[신빠람]
산-새[산쌔]   손-재주[손째주]   길-가[길까]
물-동이[물똥이]   발-바닥[발빠닥]   굴-속[굴ː쏙]
술-잔[술짠]   바람-결[바람껼]   그믐-달[그믐딸]

아침 - 밥[아침빱]   잠 - 자리[잠짜리]   강 - 가[강까]
초승 - 달[초승딸]   등 - 불[등뿔]   창 - 살[창쌀]
강 - 줄기[강쭐기]

제 7 장 소리의 첨가

제29항 합성어 및 파생어에서, 앞 단어나 접두사의 끝이 자음이고 뒤 단어나 접미사의 첫음절이 '이, 야, 여, 요, 유'인 경우에는, 'ㄴ' 음을 첨가하여 [니, 냐, 녀, 뇨, 뉴]로 발음한다.

솜 - 이불[솜ː니불]   홑 - 이불[혼니불]   막 - 일[망닐]
삯 - 일[상닐]   맨 - 입[맨닙]   꽃 - 잎[꼰닙]
내복 - 약[내ː봉냑]   한 - 여름[한녀름]   남존 - 여비[남존녀비]
신 - 여성[신녀성]   색 - 연필[생년필]   직행 - 열차[지캥녈차]
늑막 - 염[능망념]   콩 - 엿[콩녇]   담 - 요[담ː뇨]
눈 - 요기[눈뇨기]   영업 - 용[영엄뇽]   식용 - 유[시굥뉴]
국민 - 윤리[궁민뉼리]   밤 - 윷[밤ː뉻]

다만, 다음과 같은 말들은 'ㄴ' 음을 첨가하여 발음하되, 표기대로 발음할 수 있다.

이죽 - 이죽[이중니죽/이주기죽]   야금 - 야금[야금냐금/야그먀금]
검열[검ː녈/거ː멸]   욜랑 - 욜랑[욜랑뇰랑/욜랑욜랑]
금융[금늉/그뮹]

[붙임 1] 'ㄹ' 받침 뒤에 첨가되는 'ㄴ' 음은 [ㄹ]로 발음한다.

들 - 일[들ː릴]   솔 - 잎[솔립]   설 - 익다[설릭따]
물 - 약[물략]   불 - 여우[불려우]   서울 - 역[서울력]
물 - 엿[물렫]   휘발 - 유[휘발류]   유들 - 유들[유들류들]

[붙임 2] 두 단어를 이어서 한 마디로 발음하는 경우에도 이에 준한다.

한 일[한닐]   옷 입다[온닙따]   서른여섯[서른녀섣]

3 연대[삼년대]　　먹은 엿[머근녇]
할 일[할릴]　　잘 입다[잘립따]　　스물여섯[스물려섣]
1 연대[일련대]　　먹을 엿[머글렫]

다만, 다음과 같은 단어에서는 'ㄴ(ㄹ)' 음을 첨가하여 발음하지 않는다.

6·25[유기오]　　3·1절[사밀쩔]　　송별-연[송:벼련]
등-용문[등용문]

제30항 사이시옷이 붙은 단어는 다음과 같이 발음한다.

1. 'ㄱ, ㄷ, ㅂ, ㅅ, ㅈ'으로 시작하는 단어 앞에 사이시옷이 올 때는 이들 자음만을 된소리로 발음하는 것을 원칙으로 하되, 사이시옷을 [ㄷ]으로 발음하는 것도 허용한다.

   냇가[내ː까/낻ː까]　　　　샛길[새ː낄/샏ː낄]
   빨랫돌[빨래똘/빨랟똘]
   콧등[코뜽/콛뜽]　깃발[기빨/긷빨]　대팻밥[대ː패빱/대ː팯빱]
   햇살[해쌀/핻쌀]　뱃속[배쏙/밷쏙]　뱃전[배쩐/밷쩐]
   고갯짓[고개찓/고갣찓]

2. 사이시옷 뒤에 'ㄴ, ㅁ'이 결합되는 경우에는 [ㄴ]으로 발음한다.

   콧날[콛날 → 콘날]　　　아랫니[아랟니 → 아랜니]
   툇마루[퇻ː마루 → 퇸ː마루]　뱃머리[밷머리 → 밴머리]

3. 사이시옷 뒤에 '이' 음이 결합되는 경우에는 [ㄴㄴ]으로 발음한다.

   베갯잇[베갣닏 → 베갠닏]　　깻잎[깯닙 → 깬닙]
   나뭇잎[나묻닙 → 나문닙]　도리깻열[도리깯녈 → 도리깬녈]
   뒷윷[뒫ː뉻 → 뒨ː뉻]

유의할 표준발음

1. 同綴異意語

    사과(沙果) [sagwa]　　　사과(謝過)[sa:gwa]
    사과(赦過) [sa(:)gwa]　　사과(四科, 史科)[sa:k'wa]
    語:[말]　　斗, 末, 橛[·말]　　마름(藻)[·물]　　馬[물]

2. 長短音에 따른 표준발음

    눈:(雪) - 눈(目)　　　밤:(栗) - 밤(夜)
    굴:(窟) - 굴(굴조개)　　발:(簾) - 발(足)
    장:(將, 醬) - 장(場)　　벌:(蜂) - 벌(罰)
    손:(損) - 손(手)　　　배:(倍) - 배(梨, 舟)
    돌:(石) - 돌(생일)　　매:(鷹) - 매(磨石, 회초리)
    고:적(古蹟) - 고적(孤寂)　광:주(廣州) - 광주(光州)
    부:사(富者) - 부사(父子)　빙:화(放火) - 방회(防火)
    유:명(有名) - 유명(幽明)　적:다(小量) - 적다(記錄)
    갈:다(耕) - 갈다(代)　　곱:다(麗) - 곱다(손이)
    걷:다(步) - 걷다(收)　　영:리(怜悧) - 영리(營利)
    대:전(大戰) - 대전(大田)　이:사(理事) - 이사(移徙)
    사:실(事實) - 사실(寫實)　묻:다(問) - 묻다(埋)
    달:다(물이 졸아 붙다, 다오) - 달다(甘)
    말:다(勿) - 말다(卷)　　잇:다(續) - 있다(有)
    성:인(聖人) - 성인(成人)　무:력(武力) - 무력(無力)
    가:정(假定) - 가정(家庭)

3. 사이된소리

    나무집(木造建物) - 나뭇집(木材商)
    고기배(고기의 배) - 고깃배(고기를 잡는 배)
    돌집[돌:집](석조건물) - 돌집[돌:찝](石材商)
    대:가(代價) - 단가(單價)　성:격(性格) - 결격(缺格)

전:과(戰果) - 성과(成果)　　교:무과(敎務課) - 인사과(人事課)
교:권(敎權) - 공권(公權)　　거:물급(巨物級) - 부장급(部長級)
윤:기(潤氣) - 인기(人氣)　　세:방(貰房) - 금방(金房)
헌:법(憲法) - 문법(文法)　　폐:병(肺病) - 전염병(傳染病)
수:자(數字) - 문자(文字)　　채:점(採點) - 관점(觀點)
외:출증(外出證) - 사증(査證)　광:증(狂症) - 실어증(失語症)

Ⅱ. 정확한 단어와 어휘의 사용

1. 정확한 단어

(1) 문맥에 어울리는 단어 선택
　㉠ 나무들이 앙상한 가지만을 늘인채, 풍요한 대지 위에서 봄을 기다린다.　→차가운
　고난과 역경 속에서도 희망찬 미래를 <u>쳐다보는</u> 꿈을 지녀야겠다.
　　　　　　　　　　→바라보는

(2) 단어의 뜻을 정확히 알고 쓴다.
　㉠ 그는 친구의 자살을 <u>협조</u>한 죄로
　　　　→방조
　노력한 만큼 성적도 많이 <u>상승</u>했다.
　　　　→향상

(3) 가능한 한 고유어 사용
　(불필요한 외래어→)
　㉠ 그일을 모든 사람에게 <u>통보</u>했다.
　　　　　　→알렸다.
　<u>리어카</u>를 끌고 갔다.
　→손수레

(4) 문장내의 다른 요소와 호응을 이루거나 어법에 일치하도록 쓴다.
  ① 단어의 호응
    ㉠ <u>모름지기</u> 학생은 열심히 공부를 <u>해야 한다</u>.
  ② 계층, 종류의 호응
    · 아이가 밥을 먹는다.
    · 어른이 진지를 잡수신다.
    · 조상에게 메를 올린다.
    · 왕이 수라를 드신다.
  ③ 수준차의 호응
    경제불황에 직면하여, 우리 사회는 <u>폭삭 무너지고 말았다</u>.
                      →파산하고 말았다.

(5) 관용어구의 사용에 주의
    · 그 문제는 납득이 가지를 않습니다.
  → 그 문제는 이해할 수 없습니다.
    · 좋은 방법이 있으리라 생각되어집니다
  → 있을 것으로 생각합니다.

(6) 상투어
    · 이 자리에 초대받게 된 것을 무한한 영광으로 생각합니다.
  → 이자리에 초대되어서 참으로 기쁩니다.
    · 내가 낙심하고 있을 때 사막의 오아시스 같은 반가운 소식이 들렸다.
  → 내가 낙심하고 있을때 기운을 북돋워주는 반가운 소식이 들렸다.

2. 어휘 선택의 적절성

(1) '-같다'는 식의 표현은 삼갈 것
    ㉠ 무척 기분이 좋은 것 <u>같아요</u>.

엄마, 제가 잘못한 것 같아요.
(2) 지나친 존칭어(경어)는 잘못된 표현
　㉠ 선생님은 책이 많으십니다.
　　회장님의 말씀이 계셨습니다.

(3) 심한 강추위
　여기서 '강'의 의미는 '억지스러운, 몹시, 심한, 오직' 등의 의미이므로 반복된 의미가 됨

(4) 안전선 밖으로 한 발자국 물러나 주십시오.
　'안전선 밖으로'의 의미는 잘못된 표현이며, '발자국'도 '발짝'으로 고쳐야 함

(5) 유사 어휘의 구별
　① 한창 : 한참
　　한창 : 가장 성하고 활기 있을 때로 한창 나이, 한창 때
　　한참 : 시간이 꽤 지나가는 동안
　　㉠ 더위가 한창이다.
　　　　한참 재미있게 놀다가 돌아왔다.
　② 일체 : 일절
　　일체 : 모두, 모든 온갖 (긍정)
　　일절 : 전혀, 도무지 (부정)
　　㉠ 회사 운영을 일체 너에게 맡긴다.
　　　　일절 하지 못한다.
　③ 신문(訊問)하다 : 심문(審問)하다
　　신문 : 경찰이나 검찰에서 이루어지는 일(강압적)
　　심문 : 거의 법원에서 이루어지는 행위
　　㉠ 그 형사는 밤새도록 신문했다.
　　　　법원은 혐의 사실을 심문했다.

④ 곤욕 : 곤혹

　곤욕 : 심한 모욕의 의미로 곤욕을 당하다, 곤욕을 참다

　곤혹 : 곤란한 일을 당하여 어찌할 바를 모름

　　㉠ 버스비가 없어 곤혹스러워 하는 모습을 보니…
　　　어린애로부터 곤욕을 당하고 나니…

⑤ 늑장 : 늦장

　늑장 : 느릿느릿 꾸물거리는 짓

　늦장 : 느직하게 보러 가는 장

　　㉠ 늑장부리지 말고 / 늑장 피우지 마시오
　　　늦장 무렵에 겨우 팔았다.

⑥ 택시 값 : 택시 요금

　　㉠ 요즘 택시 한 대 값은 얼마인가요?
　　　아저씨, 택시 요금이 얼마죠?

⑦ 건넌방 : 건넛방

　건넌방 : 안방에서 대청을 건너 맞은편에 있는 방

　건넛방 : 맞은편에 있는 방

　　㉠ 건넛마을, 건넛집

⑧ 봉우리 : 봉오리

　　㉠ 산봉우리 : 꽃봉오리

⑨ 햇빛 : 햇볕

　햇빛 : 해의 빛으로 日光의 의미

　햇볕 : 해의 내리쬐는 뜨거운 기운으로 볕이라고 함

　　㉠ 햇빛이 반사되어 환하게 보인다.
　　　꽃은 햇빛을 충분히 받아야 잘 핀다
　　　햇볕이 너무 뜨거워서…
　　　햇볕에 빨래를 말립니다.

⑩ 제적 : 재적

　제적 : 학적부에서 지워짐

재적 : 학적부에 올라 있음
㉠ 그 학생은 지난번 잘못으로 퇴학처리 되어 제적당했다.
현재 우리학급 재적 수는 50명이다.
⑪ 체 : 채
체 : 그럴듯하게 꾸미는 거짓 태도
채 : 어떤 상태가 계속되는 그냥
㉠ 그 애는 아는 체를 잘한다.
그 아기는 옷을 벗은 채로 밖으로 나갔다.

(6) 한자어 + 한자어, 고유어 + 고유어
㉠ 오십 삼 세, 삼십 육세 / 쉰 세 살, 서른 여섯

(7) 오늘 ○○ 여객기가 피랍(被拉)되었습니다.
'피랍'이 '납치되다'의 의미이므로 잘못된 표현임

(8) 망년회(忘年會) → 송년회(送年會)
㉠ 이번 망년회는 조촐하게 보내자.
* 망년회(忘年會)는 한 해를 잊자는 의도에서 모임을 갖는 것으로 한 해를 보내는 모임은 송년회(送年會)로 해야 한다.

(9) 쑥맥 → 숙맥(菽麥)
㉠ 그 애는 너무 쑥맥이야.
* 이는 숙맥불변(菽麥不辨)에서 온 말로 콩인지 보리인지를 분간할 줄 모른다는 뜻으로 어리석고 못난 사람을 의미함

(10) 돼지고기 수육 좀 더 주십시오.
'수육'의 의미가 '쇠고기로 만든 음식'이므로 '돼지고기 수육'은 잘못된 표현임

(11) 옷거리 : 옷걸이
　　　㉔ 너는 <u>옷거리</u>가 참 좋다
　　　　이 옷은 <u>옷걸이</u>에 걸어라.

(12) 벌리다 : 벌이다
　　　① 벌리다 : 둘 사이를 넓히다
　　　　　　　　열어서 속의 것을 드러내다
　　　　　　　　우므러진 것을 펴서 열다
　　　㉔ 거기 간격을 더 <u>벌려라</u>.
　　　② 벌이다 : 일을 베풀어 놓다
　　　　　　　　가게를 차리다
　　　　　　　　물건을 늘어 놓다
　　　㉔ 잔치를 <u>벌이자</u>
　　　　요즘 <u>벌여</u> 놓은 일이 많다

(13) 담다 : 담그다
　　　① 담다 : 물건을 그릇 안에 넣다
　　　　　　　표정 속에 어떤 감정을 나타내다
　　　㉔ 그릇에 과일을 <u>담으세요</u>
　　　② 담그다 : 액체 속에 넣다
　　　　　　　　김치, 술, 장, 젓갈 같은 것을 만들려고 재료들을 섞
　　　　　　　　어 익거나 삭도록 그릇에 넣다
　　　㉔ 작년에 <u>담근</u> 포도주가 아주 맛있다.

(14) 강수량 : 강우량
　　　① 강수량 : 하늘에서 내린 비, 눈, 우박 등 모든 물의 분량
　　　② 강우량 : 하늘에서 내린 비의 분량

(15) 장사 : 장수
　　① 장사 : 이익을 얻으려고 물건을 사서 파는 일
　　② 장수 : 장사하는 사람(상인)
　　　　㉠ 요즘 장사가 잘 안 된다.
　　　　　생선 장수, 채소 장수

(16) 삼수갑산(三水甲山) : 산수갑산(山水甲山)
　　삼수갑산 : 함경도 삼수군과 갑산군은 산세가 험악한 곳으로 교통
　　　　　　　이 아주 불편하고, 다른 지방과 생활방식이 다른 곳으
　　　　　　　로 적응하기 힘들고 한 번 가면 돌아오기 힘든 곳
　　　㉠ 영수는 삼수갑산에 가더라도 반드시 해낼 수 있을 거야
　　　　(=무슨 일이 있어도)

(17) 잘못 알고 쓰는 어휘들
　　① 방방곳곳 → 방방곡곡(坊坊曲曲)
　　② 풍지박산 → 풍비박산(風飛雹散)
　　③ 아연질색 → 아연실색(啞然失色)
　　④ 넌절머리 → 넌덜머리
　　⑤ 목욕재배 → 목욕재계(沐浴齋戒)
　　⑥ 홀홀단신 → 혈혈단신(孑孑單身)
　　⑦ 고전분투 → 고군분투(孤軍奮鬪)
　　⑧ 임기웅변 → 임기응변(臨機應變)
　　⑨ 한약 한 재 → 제(劑)
　　⑩ 화토 → 화투(花鬪)
　　　　파토 → 파투(破鬪)
　　⑪ 개나리봇짐 → 괴나리봇짐
　　⑫ 오손도손 → 오순도순
　　⑬ 흐리멍텅 → 흐리멍덩

⑭ 개발쇠발 → 괴발개발
⑮ 육계장 → 육개장(소고기)

(18) 회덮밥 : 회덥밥 / 고기덮밥 : 고기덥밥
 * 덮밥 : 덮다(물건이 겉으로 드러나거나 보이지 않도록 넓은 물건을 얹어서 씌우다)와 밥이 합해서 된 말로 밥 이외의 재료를 볶거나 부치거나 튀기거나 하여, 그릇에 담은 밥 위에 얹어 먹는 음식.

(19) 삭이다 : 삭히다
 ① 삭이다 : 먹은 것을 삭게 하다, 마음을 가라앉히다
 ② 삭히다 : 발효시키다
  ㉠ 마음의 분내를 <u>삭이고</u> 천천히 생각해라.
   이 술은 쌀을 <u>삭혀</u> 만든 술이다.

(20) 피동형은 잘못된 표현
 ① 개이다 → 개다
 ② 패이다 → 패다
 ③ 설레이는 마음 → 설레는 마음

(21) 잘못된 용언 활용의 표기
 ① 녹슬은 기찻길 → 녹슨 기찻길
 ② 낯설은 타향 → 낯선 타향
 ③ 외따른 오두막집 → 외딴 오두막집
 ④ 날으는 종이 비행기 → 나는 종이 비행기(원더우먼)
 ⑤ 빨르게 달리다 → 빠르게 달리다
 ⑥ 알맞는 정답 → 알맞은 정답

(22) 칠칠맞다(칠칠하다의 속어) : 칠칠하다

　　칠칠맞지 못하다 : 칠칠하지 못하다(칠칠찮다)

　　＊ 칠칠하다 : 모양이나 모습이 깨끗하고 훌륭할 때 쓰는 말이다.
　　　㉠ 민수는 아주 <u>칠칠하게</u> 잘 자랐다.
　　　　<u>칠칠찮게</u>(칠칠하지 못하게) 공부하려면 그만 둬라.

(23) 애끊다 : 애끓다

　　① 애끊다 : 마음이 몹시 슬퍼서 창자가 끊어질 듯하다
　　② 애끓다 : 걱정, 초조함을 나타냄
　　　㉠ 애끓는 슬픔을…
　　　　애끓는 걱정 때문에…

(24) 가르치다 : 가리키다

　　① 가르치다 : 교육하다
　　② 가리키다 : 손 등으로 지적해서 알려주다

(25) 작다 : 적다

　　① 작다 : 길이, 넓이, 규모가 크지 않다
　　② 적다 : 수나 분량이 많지 않다
　　　㉠ 이 아파트는 저 아파트보다 <u>작다</u>.
　　　　재산이 <u>적어서</u> 걱정입니다.

(26) 푼푼이 : 푼푼히

　　① 푼푼이 : 한 푼씩, 한 푼씩, 아주 적은 돈을 조금씩
　　② 푼푼히 : 모자람이 없이 넉넉하게, 시원스러우며 너그럽게
　　　㉠ 푼푼이 모은 돈이…
　　　　푼푼히 쓰다 보니…

(27) 우러나다 : 우러나오다
　　예 차맛이 충분히 우러나도록…
　　　 존경심이 우러나와야…

(28) 갯벌 : 개펄
　　① 갯벌 : 강이나 바다의 조수가 드나드는 넓은 땅
　　② 개펄 : 갯벌 중 개흙으로 이루어진 땅

(29) 좇다 : 쫓다
　　① 좇다 : 뒤를 밟아 따르다, 남의 뜻을 따라 그대로 하다, 대세에
　　　　　　 거역하지 않다
　　② 쫓다 : 앞선 것을 뒤에서 따르려고 급히 가다, 못 오게 몰다
　　　　예 그 강아지는 영수를 졸졸 좇아 다닌다.
　　　　　 친구 좇아 강남간다는 말이 있다.
　　　　　 그 개는 도둑을 잡으려고 쫓아 갔다.
　　　　　 서구의 GNP 성장률은 쫓기 어렵다.

(29) 돋우다 : 돋구다
　　① 돋우다 : '돋구다'의 의미 외에 '위로 도드라지게 하거나 높아
　　　　　　　 지게 하다'의 의미를 가짐
　　② 돋구다 : '돋우다'에 내포된 말로 정도나 기분, 느낌 등을 높
　　　　　　　 이거나 일으키는 데 사용
　　　　예 논을 돋워야 한다.
　　　　　 입맛을 돋구다(돋우다).
　　　　　 등잔 심지를 돋우다.

(30) 살지다 : 살찌다
　　① 살지다 : 몸에 살이 많다, 땅이 기름지다
　　② 살찌다 : 몸에 살이 많아지다, 살 오르다

㉑ 살진 돼지보다 배고픈 사람이 좋다.
먹지 않아도 살찌니 걱정이다.

(31) 단위를 나타내는 말
① 서너 : 3, 4 / 두서너 : 2, 3, 4 / 네댓 : 4, 5
   대여섯 : 5, 6 / 예닐곱 : 6, 7 / 일여덟 : 7, 8
   여남은 : 열을 조금 넘는 수
② 서(너) 돈, 서(너) 말, 서(너) 푼
   석(녁) 냥, 석(녁) 되, 석(녁) 섬, 석(녁) 자
③ 바늘 한 쌈(24개)
   조기(통배추) 한 손(큰 것과 작은 것을 끼워 둘씩 묶은 단위)
   꽁치(나물) 한 두름(물고기나 나물을 짚으로 두 줄로 엮은 것, 20마리)
   북어 한 쾌(20마리)
   마늘(무, 과실) 한 접(100개)
   김 한 톳(40장, 혹은 100장)
   그릇(옷) 한 죽(10벌, 벌=세트)
   오징어 한 축(10마리)
   붓 한 동(10자루), 벼 한 섬(10말)

(32) 초승달, 신월(新月), 미월(眉月), 상현(上弦)달
   반달, 보름달, 만월(滿月), 망월(望月), 하현(下弦)달, 그믐달…

(33) 첫째손가락 = 엄지손가락, 무지(拇指), 대지(大指), 거지(巨指), 벽지(擘指)
   * 무인(拇印)도장 = 손도장
   둘째손가락 = 집게손가락, 식지(食指), 염지(鹽指), 인지(人指)
   셋째손가락 = 가운뎃손가락, 장지(長指), 중지(中指), 상지(上指)
   넷째손가락 = 약지(藥指), 무명지(無名指)

다섯째손가락 = 새끼손가락, 새끼손, 계지(季指), 소지(小指), 수소지(手小指)

(34) 빌다 : 빌리다
   ① 빌다 : 축(祝), 걸(乞)
   ② 빌리다 : 차(借), 대(貸)

(35) 안 : 않다
   ① 안 : 아니
   ② 않다 : 아니하다
      ㉠ 안(아니) 했는 데
         옳지 않은(아니한) 것

3. 외래어

버려야 할 일어계 어휘

구루마 → 수레	겐세이 → 견제
고데 → 인두	고시 → 허리
곤죠 → 본색, 근성	쿠사리 → 면박, 꾸중, 야단
기스 → 흠	기지 → 천 옷감
다마 → 구슬	다마네기 → 양파
단도리 → 절차, 준비	단스 → 장롱
데모도 → 조수	도끼다시 → 인조석 깔기
도리하다 → 독점하다	무데뽀 → 무모하게, 막되게
마호병 → 보온병	방까이 → 만회
사라 → 접시	사시코미 → 끼우개
사쿠라 → 벚꽃	소데 → 소매
시마이 → 마감	신마에 → 신참
쇼부 → 결판, 해결	사시꼬미 → 콘센트

십팔번 → 애창곡 쓰리 → 소매치기
쓰메끼리 → 손톱깎기 야끼만두 → 군만두
아나고 → 붕장어 유도리 → 여유, 이해심
오야 → 두목, 선 오봉 → 쟁반
와이로 → 뇌물 요지 → 이쑤시개
우라 → 안 지라시 → 전단
하꼬방 → 판자집 후까시 → 부풀림
히야까시 → 희롱 힙바리 → 연행

외래어 표기와 순화 용어

가라오케(カラオケ) 가운(gown)
개그(gag) 개런티(guarantee)
글라스(glass) 닉네임(nickname)
그랑프리(프 gran prix) 뉘앙스(프 nuance)
다운타운(downtown) 다이어트(diet)
덤핑(dumping) 데모(demonstration)
도미노(domino) 디지털(digital)
드레시(dressy)하다 딜러(dealer)
러시아워(rush hour) 레크리에이션(recreation)
레퍼토리(repertory) 로열티(royalty)
로케(location) 리조트(resort)
리포터(reporter) 리포트(report)
마네킹(mannequin) 마스코트(mascot)
마마보이(mamma boy) 매스컴(mass communication)
마케팅(marketting) 매니저(manager)
메뉴(menu) 메시지(message)
모델하우스(model house) 모럴(moral)
미니스커트(mini skirt) 발코니(balcony)
미스터리(mystery) 미시즈(Mrs.)

바캉스(프 vacance)
밴드(band)
버라이어티쇼(variety show)
보컬그룹(vocal group)
붐(boom)
사우나(sauna)탕
샐러리맨(salaried man)
선글라스(sunglass)
섹시(sexy)하다
쇼핑 백(shopping bag)
스케일(scale)
스태미나(stamina)
스티커(sticker)
스폰서(sponsor)
시리즈(series)
아르바이트(독 arbeit)
알리바이(alibi)
앙케트(프 enquete)
애드벌룬(ad ballon)
앰뷸런스(ambulance)
엠티(MT)
온라인(on-line)
유머(humour)
인터뷰(interview)
조깅(jogging)
차트(chart)
챔피언(champion)
카페(프 cafe)
칼럼니스트(columnist)
캐스터(caster)

배터리(battery)
베란다(veranda)
베스트셀러(best seller)
부츠(boots)
브로커(broker)
사인(sign)
서머스쿨(summer school)
세일즈맨(salesman)
셀프서비스(self-service)
스냅(snap)사진
스케줄(schedule)
스터디 그룹(study group)
스포츠(sports)
슬럼프(slump)
싱크대(sink)
아마추어(amateur)
앙상블(프 ensemble)
앙코르(프 encore)
액세서리(accessory)
에세이(essay)
오리엔테이션(orientation)
유니섹스(unisex)
인스턴트(instant)
저널리스트(journalist)
징크스(jinx)
찬스(chance)
카리스마(charisma)
카펫(carpet)
캐리어우먼(carrier woman)
캐치프레이즈(catchphrase)

캘린더(calendar)　　　　　캠페인(campaign)
컬러(color)　　　　　　　　칼라(collar)
코미디(comedy)　　　　　　콘서트(concert)
콤플렉스(complex)　　　　 크레디트 카드(credit card)
클래식(classic)　　　　　　타이틀(title)곡
텔레파시(teleparthy)　　　토큰(token)
톱클래스(top class)　　　　파이팅(fighting)
팡파르(프 fanfare)　　　　패러다임(paradigm)
패스트 푸드(fast food)　　 패키지(package)
팬(fan)　　　　　　　　　 허니문(honeymoon)
헤게모니(독 Hegemony)　 헬스클럽(health club)

제 5 장

구상의 원리

　작문의 단계는 구상, 집필, 퇴고의 순이다. 그 중 첫 단계인 구상 단계는 무엇을 써야 하는지, 그리고 어떻게 써야 하는지 쓰기의 기본적인 과정으로 매우 중요한 단계이다. 즉 글에 대한 착상으로부터 주제 설정과 주제문 작성, 자료수집과 정리, 줄거리 짜기인 개요작성에 이르기까지 집필 직전의 모든 과정을 의미한다. 따라서 좋은 글, 올바른 글을 쓰려면 반드시 이 구상 과정을 잘 익혀야 한다. 그러기 위해서는 어떤 사물을 보고 무엇을 쓸 것인지를 생각하는 태도를 길러야 하고, 그 착상에 대해 주제를 정할 수 있어야 한다. 이 때 주제는 가급적 한정된 참 주제를 설정하는 것이 좋다. 그리고 그 주제에 따른 제재를 수집하고 필요한 것을 선택하여 정리할 수 있어야 한다. 무엇보다 중요한 것은 이 제재를 잘 배열하여 전체적인 줄거리를 만들 수 있도록 개요를 작성할 줄 알아야 한다. 화법의 경우도 마찬가지로 말을 하기 전에 이 구상의 단계가 반드시 필요하다. 이렇게 구상에 대한 절차에 따른 기능과 특성을 습득시켜 분명한 주제와 전체적으로 그 주제에 대한 논리적인 말을 하거나 글을 쓸 수 있도록 학습활동 방향을 설정해야 할 것이다.

　대부분의 학생들은 무슨 말을 해야 할지, 또 무엇을 써야 할지 망설이게 되고, 설혹 주제가 주어진다 해도 어떻게 말과 글을 시작해야 할지 모르는 경우가 많다. 특히 주제가 결정되면 처음부터 원고지에 바로 쓰기 시작하는 학생들을 종종 볼 수 있다. 집을 지을 때 반드시 공사를 하기 전에 설계도부터 작성해야 하는 것은 당연한 과정이다.

마찬가지로 말을 하거나 글을 쓰기 전에 이 설계도에 해당되는 개요작성을 해야 한다. 따라서 교사는 말을 하거나 글을 쓰기 시작하기 전에 이 구상 단계의 기능과 특성을 잘 학습시켜야 한다. 그러기 위해서는 우선 주제를 설정하고 그 주제에 따른 주제문 작성 훈련을 하도록 해야 한다. 단순한 문제에서부터 복잡한 문제에로 나가면서 주제를 발견하고 확정하는 연습을 시켜 주제와 주제문을 작성하는 힘을 길러 주어야 한다. 그리고 주제와 주제문이 결정되면 이에 대한 제재의 수집과 정리를 할 수 있도록 지도해야 할 것이다. 이 경우 제재의 선택이 일반적인 자료 수집이 아니라 글의 구성에 관련되어야 함을 학생들에게 잘 이해시키고 그 제재를 수집하고 정리하는 요령을 학습시켜야 한다. 그리고 정리된 제재는 그 자체로서의 참신성을 지니면서도 전체적인 글감과 관련 속에서 모색되고 계획되어야 한다. 특히 구상의 마지막 단계가 개요작성이므로 이 부분에 대한 연습이 충분히 이루어지도록 해야 한다. 교사의 일방적인 설명보다는 학생들의 자발적인 참여와 서로 의견을 주고 받는 토의 등을 통해서 전체적인 구상 모형이 이루어질 수 있도록 지도해야 할 것이다.

Ⅰ. 주제와 주제문

1. 주제의 설정

주제의 설정은 말하기나 글쓰기의 출발점이다. 주제가 결정되어야 자료를 수집하고 정리하여 말을 하거나 글을 써 나갈 수 있기 때문이다. 주제 설정은 '무슨 말을 할 것인가', '무엇을 쓸 것인가'하는 막연한 주제에서, 범위를 한정한 참주제의 설정을 거쳐 화자와 필자의 태도가 분명히 드러나는 주제문을 작성함으로써 완료된다.

1) 가주제와 참주제

(1) 가주제(막연한 주제) : 포괄적이고 막연한 것으로 그 외연(外延)이 매우 넓은 주제이다.
(2) 참주제(한정된 주제) : 글쓴이의 태도, 관점에 따라 구체적이고도 한정된 것으로 외연이 좁은 주제이다.
  예 ① 사랑(가주제) : 너무 광범위한 주제를 선택하여 근본적인 주장이나 관점이 들어 있지 않으며 막연하다.
     ② 예수 그리스도의 희생적인 사랑(참주제) : 범위가 한정되고, 대상에 관한 하나의 주장이나 관점으로 집약되었다.

2) 주제 설정의 기준과 방법

적절한 주제를 설정하는 것은 좋은 글을 쓰기 위한 요건이다. 주제 설정의 기준과 방법은 다음과 같다.

(1) 주제 설정의 기준

주제를 설정하는 데에는 다음과 같은 기준에 따르는 것이 좋다.
① 말하는 이나 글쓰는 이가 관심을 가지고 있거나 잘 알고 있는 것이 좋다.
② 범위가 좁고 한정된 것을 택한다.
③ 여러 사람의 공감을 느낄 수 있는 것이어야 한다.
④ 청자와 독자의 관심과 흥미를 끌 수 있어야 좋다.

⑤ 말하기나 글을 쓰는 목적에 맞는 주제를 택해야 한다.
⑥ 주어진 시간이나 글의 분량에 맞추어 내용을 충분히 전달할 수 있는 것이 좋다.

(2) 주제 설정의 방법

① 가주제의 설정 : 무엇에 대해 말하고 쓸 것인가를 처음으로 생각하는 문제

㉠ 환경 오염

② 문제(가주제)의 정리 : 가주제가 막연하고 폭넓은 주제이기에 그것에 관련된 여러 가지 문제점을 생각하고 정리하는 단계

㉠ ・ 환경 오염의 실태는 어떠한가?
・ 환경 오염의 원인은 무엇인가?
・ 환경 오염의 피해는 어느 정도인가?
・ 환경 오염의 해결 방안은 무엇인가?

③ 범위의 한정 : 앞 단계의 여러 가지 문제의 제기에서 가장 관심이 있고 자신 있게 말하고 쓸 수 있는 과제를 선택하는 단계

㉠ 환경오염의 원인은 무엇인가?

④ 참주제 설정 : 범위의 한정 단계에서 선택한 문제를 구체적인 어구로 집약하는 단계

㉠ 환경 오염의 원인

2. 주제문의 작성

주제문이란 주제를 보다 명확하게 하나의 문장으로 표현한 것으로 한정된 주제에 대한 필자의 신념, 태도, 의견이 분명히 드러난다. 말을

하거나 글을 쓰기 전에 주제문을 작성하는 일은 앞으로의 글의 방향을 분명하게 제시한다는 점에서 매우 중요한 의미를 갖는다.

주제문을 작성할 때의 유의점으로는 다음과 같은 것을 들 수 있다.
(1) 완전한 문장이 되도록 기술하여야 한다.
　　㉠ 1930년대의 시문학파에 대하여 → 1930년대의 시문학파는 언어의 조탁(彫琢)을 통해서 시의 음악적인 표현에 힘썼다.
(2) 의문문의 형태는 피한다.
　　㉠ 사람의 귀는 소음에 대하여 얼마나 견딜 수 있는가 → 소음 공해는 사람의 청각 기능에 장애를 가져올 수 있다.
(3) 너무 넓은 범위를 다루지 않도록 한다.
　　㉠ 민본 정치 사상은 우리 역사의 도처에서 발견된다. → 우리 역사에서 민본 정치의 예로 신문고 제도가 있었다.
(4) 서로 다른 둘 이상의 개념을 다루지 않아야 한다.
　　㉠ 일부 소설가는 진실을 추구하고, 일부 소설가는 심리학자이다.
　　　→ 많은 소설가들은 뛰어난 심리학자의 자질을 갖추고 있다.
(5) '나는~이라고 생각한다'의 표현은 피한다.
　　㉠ 공공 건물에는 장애자를 위한 계단이 설치되어야 한다고 생각한다. → 공공 건물에는 장애자를 위한 계단이 설치되어야 한다.
(6) 불명료하고 모호한 표현은 피한다.
　　㉠ 가사(家事)는 여성이 할 수 있는 가장 의미 있는 일 중의 하나이다. → 가사는 사회 유지에 필수적인 작업이다.
(7) 일관성이 없거나 모순되는 표현은 피한다.
　　㉠ 월부 구입은 경제에 도움이 되고 소비자의 소비 성향을 부채질한다. → 월부 매매는 자금 유통의 원활이라는 점에서 경제에 도움이 된다.
(8) 비유적인 표현은 피한다.
　　㉠ 중동 지역은 세계적인 화약고이다. → 중동 지역은 늘 전쟁이 발발할 가능성을 지니고 있다.

(9) 말할 시간과 글의 분량을 염두에 두고 작성해야 한다.

Ⅱ. 자료의 수집과 정리

1. 소재와 제재

1) 소재(素材)

(1) 표현 수단으로서의 소재 : 매재(媒材)
  ㉠ 그림의 물감, 조각에서의 목재, 시에서의 언어
(2) 표현 대상으로서의 소재
  글의 주제를 뒷받침하면서 표현 대상이 되는 자료들

> 빨랫줄에 두 다리를 드리우고
> 흰 빨래들이 귓속 이야기하는 오후
> 쨍쨍한 7월 햇발은 고요히도
> 아담한 빨래에만 달린다. <윤동주, '빨래'에서>
>
> ※ 이 글의 소재 : 빨래

2) 제재

(1) 소재(素材) : 글 전체를 구성해 주는 하나하나의 글감(재료)
(2) 제재(題材) : 한 글의 줄거리를 이루는 대표적인 글감(주된 소재)

> 한 말로 주부라고는 해도, 물론 우리는 여러 가지 종류의 형체로 꾸민, 말하자면 다모 다체(多貌多體)한 여인상을 안전(眼前)에 방불시킬 수 있겠으나, 이 주부라는 말이 가진 음향으로서 우리가 곧 연상하기 쉬운

것은 무어라 해도 저 백설같이 흰 행주치마를 가는 허리에 맵시도 좋게
두른 여자가 아닐까 한다. 그러한 자태의 주부가 특히 대청마루 위를 사
뿐사뿐 거닌다든가, 또는 길에서도 찬거리를 사 들고 가는 것을 보게 될
때, 우리는 실로 행주치마를 입은 건강한 주부의 생활미를 한없이 찬탄하
며 사랑하며, 또 존경하는 자다.　　　　　<김진섭, '주부송'에서>

※ 이 글의 제재 : ① 행주치마를 입고 대청마루를 거니는 주부
　　　　　　　　② 길에서도 찬거리를 사들고 가는 주부

　(3) 제재 선택의 기준
　　① 확실한 것이어야 한다.
　　② 주제를 뒷받침할 수 있어야 한다.
　　③ 독자의 관심을 끌 수 있는 것이어야 한다.

2. 소재와 주제

　소재는 주제를 드러내는 것이어야 한다. 따라서 소재는 주제에 비하여 범위가 좁고 세부적이며 구체적인 것이다. '무엇(주제)을 무엇(소재)으로 표현하다.

　해는 벌써 너른 들을 건너가, 맞은편 담벽에까지 기어 올라가고 있으나, 종일 단 마당에서는 더운 김이 훅훅 오르고, 외양간 위로 확 퍼진 박덩굴은 잎사귀 하나 까딱 않고 석양빛이 내리쬔다. 외양간 속은 보기에는 서늘하게 그늘이 졌으나, 씩씩 가슴께를 벌렁거리며 침을 질질 흘리는 소도 땀을 뻘뻘 흘리는 듯싶고 옆의 송아지는 더위에 지쳐 땅바닥에 엎더져 졸고 있다.

※ 주제 : 한여름 밤의 더위
　소재 : 단 바닥의 더운 김, 박덩굴, 어미 소, 송아지

3. 주제와 제목

1) 제목의 형식

(1) 설명문, 논설문의 제목은 대체로 명사나, 명사로 끝나는 명사구로 되어 있다.
　　㉠ 전통의 형성과 가치, 전자 오락의 중독성
(2) 기타 글의 제목은 특별한 제한이 없다.
　　㉠ 별이 빛나는 밤에, 기차에 낭만을 싣고
(3) 문학 작품은 제목 자체를 함축적으로 표현하는 경우가 있다.

2) 제목 붙이기

(1) 무엇에 대하여 썼는지 제시한다.
(2) 글에 대한 흥미를 불러일으켜야 한다.
(3) 가능한 한 간단하게 해야 한다.
(4) 참신하고 인상적이어야 한다.

3) 주제와 제목

(1) 설명문, 논설문은 대체로 주제와 제목이 일치한다.

> 　선진 강대국의 경제적 번영이 식민지의 보유와는 관계가 없어졌다는 것을 인식하는 것과 그렇게 된 원인이 무엇인가를 구명하는 것은 세계 경제의 앞날을 전망하고 후진 약소국이 위치한 장래를 투시하는 데 결정적 중요성을 가진다고 할 수 있다. 앞으로 후진 약소국은 선진 강대국으로부터 경제적 지배를 전연 받지 않는다는 것을 의미하는 것인가? 그렇지 않으면 무엇인가 새로운 형태의 지배가 형성될 우려가 있다고 보아야 옳을 것인가? 또 식민지 없이 약진을 거듭하는 선진국 경제 발전의 원동력은 어디에 있는가?
> 　　　　　　〈조순, '선진국의 기술 혁명과 식민지의 감소' 서론 부분〉

(2) 기타 글의 제목은 주제가 드러날 수도 있고, 여운을 풍길 수도 있다.

> 처음 독일에 갔을 때 나에게 가장 인상적이었던 것 중의 하나는 숲이었다. 베를린 교외의 넓고 깊은 숲에 가서 산책하는 수많은 사람들과 함께 걷는 동안 나는 비로소 독일 작가들의 시나 소설에 나오는 '숲을 헤매는 마음'을 조금 이해할 수 있을 듯했다. 나는 그 때까지 광릉에 소풍을 가서 한 나절 앉아 있었던 것 말고는 숲을 경험하지 못했으므로 숲을 배경으로 한 문학 작품의 묘사를 관념적으로밖에 알지 못했다.
> 우리 나라에는 산이 많은 대신 숲은 드물다. 그러나 국민들의 산책길로 개발할 수 있는 나지막한 산은 전국 곳곳에 있을 것이다. 사람들이 그곳에 가서 단지 걷기만 할 수 있는 곳, 자리를 잡고 앉아 찌개를 끓이고 소주를 마시고 유행가를 부르는 곳이 아니라 묵묵히 걷는 곳…… 그런 산보길이 많아져서 우리에게 숲을 걷는 것이 생활화된다면, 우리 나라 사람들은 좀더 참을성이 많아지고 '깊은 마음'을 가질 수 있게 되지 않을까.
> 오늘 아침 출근길에 남산을 지나오면서 나는 이미 아름답게 자란 신록을 보았고, 베를린의 깊고 넓은 숲을 떠올렸다. 그리고 보면 남산에도 좋은 숲길이 있다. '숲이 없음을 탓하지 말고 우선 남산에 가자'라고 나는 생각했다.
>
> <장명수, '깊은 숲'에서>

4. 자료의 수집

1) 자료의 수집 방법

(1) 관찰과 조사

자연 현상을 비롯한 여러 대상을 관찰하거나 조사함으로써 소재를 수집할 수 있다.

(2) 면담과 질문

쓰고자 하는 방면의 권위자와 면담하거나 질문 조사를 통하여 일반인들의 여론을 파악함으로써 소재를 수집할 수 있다.

(3) 독서와 사색

① 독서 : 책처럼 손쉽게 많은 지식과 정보를 얻을 수 있는 것은 없다. 책을 통하여 많은 지식을 얻게 되면 그만큼 활용할 수 있는 소재의 폭이 넓어진다.

② 사색 : 사색은 일종의 내적 체험이다. 다른 방법으로 소재를 수집하여 글을 쓰면 글에 자기 이야기는 나타나지 않는다. 글 가운데 자기 이야기를 할 수 있는 원천은 바로 이 사색이다.

(4) 체험과 기억

이 체험은 직접 체험을 가리킨다. 직접 체험이란 글쓰는 이가 실제로 경험한 것이다. 이 경험은 자연히 기억에 의존하여 재생된다(체험을 주요 제재로 하여 쓰여지는 글에는 기행문이 있다).

2) 자료 수집의 선정 기준

(1) 풍부하고 다양해야 한다.

① 가능한 한 관련된 소재를 많이 찾아본다.
② 말하거나 쓰고자 하는 내용과 관련된 것을 여러 각도에서 찾아보고 생각해 본다.

(2) 확실한 것이어야 한다.

① 전후 모순이 없는 것이어야 한다.
② 근거가 뚜렷한 것이어야 한다.

③ 사실과 의견이 분명히 구분되는 것이어야 한다.
④ 자신의 편견이나 감정에 치우치지 않는 것이어야 한다.

(3) 주제를 뒷받침할 수 있는 것이어야 한다.
① 정의와 지정 : 용어를 설명하기 위한 소재 수집
② 비교와 대조 : 주제를 분명히 드러내기 위하여 비슷한 사항이
　　　　　　　나 차이 나는 사항을 수집
③ 예화 : 독자의 관심을 끌기 위한 소재 수집
④ 통계 : 객관적인 근거 자료가 되는 소재 수집
⑤ 인용 : 소견 논거가 될 수 있는 소재 수집

(4) 독자의 관심을 끌 수 있는 것이어야 한다.
① 독창성　예) 잘 알려지지 않은 소재
② 구체성　예) 명확하지 않은 것을 명확하게 전달할 수 있는 소재
③ 필요성　예) 다른 사람이 읽고 싶은 것을 제공할 수 있는 소재
④ 친근성　예) 우리 가까이에서 쉽게 접할 수 있는 소재
⑤ 극적 요소가 있는 것　예) 예화 중 긴장감이 있는 것

5. 자료의 정리

　소재를 일단 다 모으면 다시 소재를 정리해야 한다. 모든 소재를 다 글감으로 쓸 수 없기 때문이다. 소재 정리 방법은 대체로 다음과 같이 이루어진다.

(1) 주제와 관련이 없는 것은 제외한다.
　예) '일제 강점기 통치의 잔학상'을 주제로 하여 다음과 같은 소
　　　재를 모았을 때, 이중 ②, ④, ⑤는 제외되어야 한다.

① 창씨 개명의 강행 ② 교육 기관의 신설
③ 토지 조사 사업 ④ 미국과의 반목
⑤ 공공 의료 기관 설치 ⑥ 어문 말살 정책
⑦ 사상 운동의 탄압

(2) 내용이나 성격이 비슷한 것끼리 묶는다.

㉠ 가주제를 '아버지'로 하였을 때 다음과 같은 소재를 생각할 수 있다.
① 아버지는 상당히 건강하시다.
② 아버지는 운동을 좋아하신다.
③ 아버지는 내 생일날 선물을 꼭 사 주신다.
④ 아버지가 좋아하시는 음식은 불고기이다.
⑤ 아버지는 푸른색 계통 옷을 즐겨 입으신다.
⑥ 아버지는 나하고 토론하기를 좋아하신다.
⑦ 아버지의 찡그린 얼굴을 나는 아직 보지 못했다.
※ 이상의 주제는 그 내용으로 보아 건강면 - ① ② ④, 나와의 관계 - ③ ⑥, 기타 - ⑤, ⑦로 묶을 수 있다(이러한 과정이 없이 단순한 기억에 의존하여 글을 쓰면 고쳐 쓰기 과정에서 많은 부분을 고쳐 써야 하는 어려움이 뒤따른다).

(3) 주요한 것과 종속적인 것을 구별하여 주요한 사항을 앞에 내세운다.

① 주요한 것과 종속적인 것을 나누어 가는 과정은 '구분, 분류'의 지적 행위이다. 이 과정에서 우리가 유의하여야 할 점은 개념의 상하 관계이다.
② 개념은 상하 관계에 따라 상위 개념, 하위 개념, 그리고 동위 개념으로 나뉜다. 상위 개념은 유개념으로, 하위 개념은 종개념으로 표현하기도 한다.

③ 학생들이 어떤 개념의 구분, 분류 과정에서 상위 개념과 하위 개념을 혼동하는 일은 별로 없다. 그러나 동위 개념에는 별로 관심을 보이지 않는다. 이 동위 개념을 무시할 때 글 전체의 체계성이 무너진다.
※ 예를 들어 다음과 같은 오류의 분류는 동위 개념을 무시한 것이다.

(4) 자신의 능력으로 충분히 활용할 수 있는 것인가를 확인한다.
① 발표할 주제에 해당되는 것을 중심으로 선정한다.
② 따라서 주제에 벗어난 자료는 중요하더라도 선택하지 않는다.
③ 잘 모르는 것이나 애매한 것은 활용하지 않는다.
④ 전체적인 줄거리와 연계시켜 자료를 구별한다.
⑤ 참고문헌과 페이지를 명기한다.

Ⅲ. 구성 및 개요 작성(구상)

주제와 주제문이 확정되고 자료가 선정되면, 그 자료(소재 = 제재)를 어떻게 배치할 것이냐 하는 문제가 남는다. 따라서 자료를 배치하여 줄거리를 짜는 것을 구성(構成)이라 한다. 그리고 글의 기본 구성을 상하,

주종의 층위에 따라 항목화하여 조직한 내용적 설계에 해당하는 것을 개요 작성이라 한다.

* ┌ 구상 : 글에 대한 착상으로부터 주제 설정, 자료의 수집·정리, 줄
  │   거리 짜기의 집필 직전의 모든 과정을 통털어 일컫는다.
  │   즉, 글쓰기 과정은 '구상 → 집필 → 퇴고'로 요약된다.
  └ 구성 : 구상의 한 과정인 줄거리 짜기를 일컫는다.
  　　착상 → 주제 설정 → 자료 수집 → 구성 → 개요 작성
  　　└──────────────── 구상 ────────────────┘

1. 구성

1) 구성의 일반 원리

(1) 단계성 : 글의 처음, 중간, 끝이 분명하게 제시되어야 한다.
(2) 통일성 : 글의 다양한 부분들이 하나의 전체를 향해 종합되어야 한다.
(3) 응집성 : 글의 각 부분이나 단계가 밀접하게 관련되어야 한다.

2) 구성의 방법

(1) 자연적 구성(전개적 구성) : 사물의 모습을 있는 그대로 살펴 나가는 전개적 구성으로써 시간적 구성과 공간적인 구성에 따르는 방법으로 서사문과 묘사문에 많이 쓰인다.
　① 시간적 구성 : 시간의 변화에 따른 구성
　② 공간적 구성 : 장소의 이동에 따른 구성
(2) 논리적 구성(종합적 구성) : 자료(제재)들의 자연적인 순서에 상관없이, 쓰는 이의 의도대로 논리적인 일관성을 유지하도록 배열하는 종합적 구성 방법으로 주로 논설문과 설명문에 많이 쓰인다.

① 단계식 구성 : 전체적인 내용을 몇 단계로 하느냐에 따라 다음과 같이 나뉜다.
  ㉠ 3단 구성 : 글의 가장 기본적인 형식으로서 서론(머리말) - 본론(본문) - 결론(맺음말)으로 구성된다. 주제에 의해 글 전체를 긴밀하게 통제할 수 있는 장점이 있다.
  ㉡ 4단 구성 : '서론(起) - 전개(承) - 발전(轉) - 결론(結)' 또는 '도입 - 발전 - 전환 - 정리'로 구성되는데, 본론에서 논지를 바꾸는 전환점을 마련하여, 필자의 주장에 상반되는 의견까지 충분히 검토하는 구성 방식이다.
  ㉢ 5단 구성 : '관심 환기 - 과제 제시 - 전개 - 발전 - 결론'으로 구성되는데, 이는 4단 구성에 다시 서론 부분을 둘로 나누어 독자의 관심을 불러일으키려는 방법이다.
② 포괄식 구성 : 글의 결론에 해당하는 부분이 어디에 놓이느냐에 따라 다음과 같이 나뉜다.
  ㉠ 두괄식 : 결론(주제문)을 앞에 두는 방식이다.
    [결론] — [뒷받침 내용]
  ㉡ 미괄식 : 결론(주제문)을 뒤에 두는 방식이다.
    [뒷받침 내용] — [결론]
  ㉢ 양괄식 : 결론(주제문)을 앞뒤 양쪽에 두는 방식이다.
    [결론] — [뒷받침 내용] — [결론]
  ㉣ 중괄식 : 결론(주제문)을 가운데 두는 방식이다.
    [뒷받침 내용] — [결론] — [뒷받침 내용]
③ 열거식(병렬식) 구성 : 중요하다고 생각되는 점을 "첫째, ……", "둘째, ……" 등으로 임의로 배열하는 방법이다(문제 간의 관련성이나 논리적 일관성이 요구되지 않음).
④ 점층식 구성 : 범위가 작거나 덜 중요한 내용으로부터 범위가 크거나 더 중요한 내용에 이르기까지 점차적으로 서술해 나아

가는 구성 방식이다. 이와는 반대로, 범위가 크거나 중요한 것에서부터 범위가 작거나 중요성이 작은 것으로 배열해 가는 방법을 점강식 구성이라 한다.

$$\boxed{항목 1} < \boxed{항목 2} < \boxed{항목 3}$$

⑤ 인과적 구성 : 어떤 현상이나 사실의 원인과 결과를 분석하여 글의 짜임새를 결정하는 구성 방식이다. 이는 다시 '원인 - 결과'의 순으로 배열하는 방식'과 '결과 - 원인'의 순으로 배열하는 방식'이 있다.

2. 개요 작성

1) 개 념

말과 글의 자료(제재)를 배열한 줄거리를 항목화한 것으로 구성이 이루어지면 그 결과를 도식화하여 기술하는 것을 말한다.

2) 개요 작성의 필요성

(1) 말과 글의 설계도 구실을 한다.
(2) 말을 하거나 글을 쓸 때 일어나기 쉬운 혼란과 주제에서 벗어나는 일을 막아 준다.
(3) 중요한 내용을 빠뜨리지 않게 하고, 쓸데없는 중복을 피하게 하여 글 전체의 균형을 유지하게 한다.
(4) 작성하는 과정에서 체계적인 조직력과 사고력이 길러진다.
(5) 요점을 정리하고 대의(大意)를 파악하거나 회상하는 데 도움을 준다.

3) 개요 작성의 요건

줄거리를 짜기 위해서는 여러 가지 요건이 갖추어져야 하는데, 특히 상하(上下), 대소(大小), 종횡(縱橫)의 관계가 분명히 구분되는 것이 중요하다.

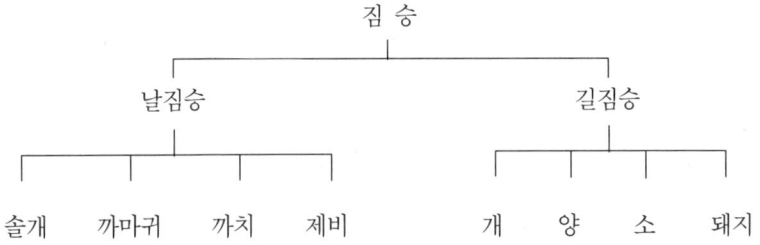

(1) 종적(縱的) 관계 : 상하의 단계에 비약이 있어서는 안 된다. 본문 도표에서 '짐승'대신 '생물'이라고 하면 '짐승, 동물'의 단계를 비약한 것이다.
(2) 횡적(橫的) 관계 : 동일 수준이 되도록 해야 한다. 본문 도표에서 '솔개, …제비' 항목에 '나비'를 첨가하거나, '개, …돼지' 항목에 '닭'을 첨가한다면 이는 동일 수준의 원칙에 어긋난 것이 된다.

4) 개요 작성의 방법

(1) 제목을 쓰고 그 밑에 주제문을 작성한다.
(2) 글의 전개 방식을 선택한다(논술에서는 일반적으로 단계식 구성).
(3) 주요 논점을 설정한다. (대항목) 예 Ⅰ. Ⅱ. Ⅲ.
주제문에 따라 수집·정리된 자료들은 적어도 2개 이상의 큰 그룹으로 묶여질 수 있을 것이다. 재료를 무시한 상태에서 이것을 본다면 주제문의 내용이 2개 이상의 큰 항목으로 나누어지는 것과 같다. 이렇게 나누어진 2개 이상의 큰 항목을 각각 주요 논점이라고 한다.

(4) 종속 논점(sub idea)을 설정한다. (중항목) 예) 1. 2. 3.

　　2개 이상의 큰 그룹으로 묶여진 각 자료들은 다시 그 내용에 따라 2개 이상의 작은 그룹으로 묶여질 수 있을 것이다. 자료를 무시한 상태에서 이것을 본다면, 주요 논점의 내용이 2개 이상의 작은 항목으로 나누어지는 것과 같다. 이렇게 나누어진 2개 이상의 작은 항목을 종속 논점이라고 한다.

(5) 세목(細目)을 설정한다. (소항목) 예) (1) (2) (3)

　　2개 이상의 작은 그룹으로 묶여진 각 자료들이, 그 다루는 범위가 아직 넓어서 좀더 상세화 할 필요가 있을 때에는 다시 2개 이상으로 나누어 묶을 수 있다. 자료를 무시한 상태에서 이것을 본다면 종속 논점의 내용이 2개 이상의 작은 항목으로 나누어지는 것과 같다. 이렇게 나누어진 2개 이상의 작은 항목을 세목이라 한다.

(6) 세목의 내용이 더 나누어질 필요가 있을 때에는 다시 그 하위 항목이 설정될 수 있다.

(7) 이렇게 주제문 → 주요 논점 → 종속 논점 → 세목 → … 과 같은 항목의 분할은 이론상으로는 얼마든지 계속할 수 있으나 일반적으로 한 편의 글에서는 대개 세목 단계에서 멈춰진다.

(8) 층위적으로 짜야 한다. 등위의 관계인지 주종의 관계인지를 분명히 가려 층위를 바로 하여 작성해야 한다.

개요작성의 예 ①

제 목 : 미신(迷信)
주 제 : 미신의 타파와 과학(科學)의 생활화 … (생략 가능)
주제문 : <u>우리는 미신을 물리치고 과학을 생활화해야겠다.</u>
            정책명제 → 논설적 주제문

줄거리 : Ⅰ. 미신의 실태(實態) - 주요 논점
        (1) 병자(病者)의 경우
        (2) 무지(無知)한 사람의 경우
        (3) 빈곤(貧困)한 사람의 경우 ─ 종속 논점
        (4) 지식인(知識人)의 경우
        (5) 자기(自己)의 경우

       Ⅱ. 미신을 믿는 이유 - 주요 논점
        (1) 미신을 믿는 사람들의 실태 조사(實態調査)
        (2) 미신에 대한 심리학자(心理學者)나 사회학자
           (社會學者)의 견해(見解) ─ 종속 논점
        (3) 미신에 대한 자기의 체험

       Ⅲ. 미신을 없애기 위한 대책 - 주요 논점
        (1) 과학 지식(科學知識)의 보급(普及)
        (2) 미신과 신앙(信仰)의 구별
        (3) 사회 복지 제도(社會福祉制度)의 확립 ─ 종속 논점
        (4) 개인(個人)의 노력(努力)

       Ⅳ. 맺음말 : 정리와 제언

개요작성의 예 ②

제 목 : 술의 장점과 단점
주제문 : 술은 부분적으로 효용이 있으나 대체로 해로우므로 삼가야 한다.
개 요 : Ⅰ. (서론) 술과 인간의 밀접한 관계
　　　　Ⅱ. 술의 장점
　　　　　1. 정신면
　　　　　　(1) 괴로움의 망각
　　　　　　(2) 상상력의 촉진
　　　　　2. 생활면
　　　　　　(1) 기분 전환
　　　　　　(2) 사교상의 흥취
　　　　　　(3) 노동의 능률 향상
　　　　　3. 생리면
　　　　　　(1) 혈액 순환의 촉진
　　　　　　(2) 긴장된 신경의 이완
　　　　Ⅲ. 술의 단점
　　　　　1. 정신면
　　　　　　(1) 의지 박약자의 도구화
　　　　　　(2) 기억력의 감퇴
　　　　　2. 생활면
　　　　　　(1) 돈과 시간의 낭비
　　　　　　(2) 술주정의 습관화
　　　　　　(3) 지적인 일의 처리 지연
　　　　　3. 생리면
　　　　　　(1) 중독의 우려
　　　　　　(2) 다른 질병의 원인
　　　　Ⅳ. (결론) 술에 대한 우리의 태도와 실천 방안

5) 개요의 종류

(1) 화제(話題) 개요 : 줄거리의 각 항목을 핵심적인 어구로 간결하게 작성하기 쉬우나 구체적 내용파악이 어렵다.

(예)

> I. 서론 : 인스턴트 식품의 범람
> II. 본론
>   1. 인스턴트 식품의 장점
>   (1) 구입의 편리성
>   (2) 조리의 간편성
>   2. 인스턴트 식품의 단점
>   (1) 비싼 가격
>   (2) 낮은 영양가
> III. 결론 : 인스턴트 식품의 이용에 관한 자신의 태도

(2) 문장(文章) 개요 : 줄거리의 각 항목을 구체적인 문장으로 표현한 개요로 구체적인 내용파악이 쉬우나 작성하기 어렵다.

(예)

> I. 서론 : 우리들 주위에는 인스턴트 식품이 범람하고 있다.
> II. 본론
>   1. 인스턴트 식품은 구입이 편리하고 조리가 간편하다.
>   2. 인스턴트 식품은 값이 비싸고 영양가도 낮다.
> III. 결론 : 비록 구입과 조리가 편하다 하더라도, 인스턴트 식품의 사용은 가급적 자제하는 것이 좋다.

※ 개요 작성시 화제 개요일 경우에 세부 항목 중에서 어느 것 하나도 문장 개요가 들어가면 안 되고, 문장 개요시에는 화제 개요 방식이 들어가서는 안 된다.

6) 개요 작성의 실제

개요(outline)의 작성은 머릿속에서 구성을 도식화하여 일목 요연하게 적는 것이다.

(1) 문제 : 공부를 하는데 시간을 어떻게 사용하는 것이 효과적인가?
(2) 제목의 결정 : 공부에 효과적인 시간 사용 방법
(3) 주제문 작성 : 알맞은 휴식을 곁들여 공부하는 것이 효과적이다.
(4) 줄거리 짜기
　① 도입 부분 : 친구인 김 군은 쉬지 않고 공부하는데도 성적이 오르지 않고, 이 군은 공부도 하지만 놀기도 잘 하는데 성적이 좋다.
　② 발전 부분 : 계속적인 공부는 정신적인 면에서 쉽게 지루해지고 육체적으로 쉽게 피로를 느껴 집중력을 감퇴시키고, 휴식을 곁들인 공부는 정신면에서 신선감을 유지시켜 주며, 육체적으로 생동감을 주어 집중력을 증대시킨다.
　③ 정리 부분 : 휴식을 곁들인 공부가 능률적이다.
　④ 문제점 검토 : 휴식을 하다 보면 이것이 습관화되어 태만해질 수 있고, 휴식이 지나치면 그 후유증으로 정신이 이완되고 심지어는 피로해져서 공부가 잘 안 되는 수가 있다.

(5) 개요의 작성

```
제 목 : 공부에 효과적인 시간 사용 방법
주제문 : 알맞은 휴식을 곁들여 공부하는 것이 효과적이다.
줄거리 : Ⅰ. 공부와 시간 사용의 대조적 사례
          1. 김 군의 경우
          2. 이 군의 경우
          3. 효율적인 시간 사용의 문제
        Ⅱ. 두 방법의 비교 검토
          1. 계속적인 공부
            (1) 정신면 : 지루함 - 의욕 상실
            (2) 육체면 : 피로함 - 집중력 감퇴
          2. 휴식을 곁들인 공부
            (1) 정신면 : 신선감 - 의욕 증진
            (2) 육체면 : 생동감 - 집중력 증대
            (3) 문제점
              ① 편안함의 추구 - 습관화, 태만
              ② 지나친 휴식 - 피로감
        Ⅲ. 맺음말 - 알맞은 휴식을 곁들인 공부
```

3. 수업의 실제

앞에서 언급한 구상의 원리와 이에 따른 개요작성의 실례를 수업 시간에 적용하기 위해 아래와 같은 수업을 전개하였다.

1) 모둠 구성

우선 인원 수에 따라 적당하게 모둠별로 나누고, 모둠 이름과 역할을 분담한다.

(1) 모둠 이름 정하기 : 모둠별로 나누어 각각 모둠별 특성이 들어
가는 이름을 짓는다.
① 신언서관   ② 복협
③ 팔도원로회   ④ 가람
⑤ 옥의 티
(2) 모두미 역할 분담하기 : 모둠별로 모둠원 각자에게 이름을 부
여한다.
① 이끄미   ② 도우미
③ 칭찬이   ④ 섬기미
⑤ 재롱이

2) 아이스 브레이크

모둠별로 앉아 수업을 진행하므로 서먹서먹한 분위기를 바꿀 필요가 있으므로 아이스 브레이크(Ice break) 시간을 갖는다. 여러 가지가 있겠지만, 몇 가지를 소개하면 다음과 같다.
(1) 가장 기뻤던 일, 가장 슬펐던 일은?
(2) 나는 언제 가장 무서워하나요?
(3) 나에게 30억짜리 집을 지으라면 (   ) 집을 짓겠다.
(4) 남기고 싶은 한 마디
(5) 받은 선물 중 가장 소중한 선물은?

3) 개요작성

개요작성의 요건을 다시 한번 주지시키고 다양한 방법으로 개요작성하도록 한다.
(1) 영상물을 보여 주고 개요작성 하기
판서나 지면으로 화제를 주는 방법이 가장 일반적인 방법이지

만, 매체를 활용하는 방법도 좋은 방법이다. 문제는 주어진 한 시간(대개 50분)에 영상을 보고 개요작성을 할 수 있어야 하므로 적합한 영상물 선택이 중요하다. 너무 길지 않은 것으로 대략 15분~20분 정도 소요되는 것으로 지나치게 단순한 것이나 복잡한 것은 지양하는 것이 좋다.

수업 시간에 '담'이란 제목의 영상물(지코미)을 선택했는데, 방영시간이 20분 정도 소요되었고, 참주제를 끌어 낼 수 있으며, 다양한 각도에서 줄거리를 짤 수 있는 것이었기에 반응이 아주 좋았다.

(2) 화제를 주고 개요작성 하기

가장 일반적인 방법으로 요즘 학생들이 관심있거나 흥미있는 화제, 또는 시사적인 화제를 선택하는 것이 좋다. 예를 들어 아래와 같이 세 가지의 화제를 주고 개요작성을 하도록 했다.

① 핸드폰
② 술
③ 이라크 파병

이 중 2개의 모둠(신언서판, 옥의 티)을 택해서 개요작성을 발표하도록 했다.

〈신언서판〉
가주제 : 핸드폰
참주제 : 핸드폰의 폐해와 해결방안
주제문 : 핸드폰 폐해를 인식하고 올바른 핸드폰 사용문화를 정립하자.

1. 도입
　(1) 핸드폰 사용의 실태
　(2) 문제 제기

2. 전개
　(1) 물질적 폐해
　　　① 무분별한 사용에 따른 과도한 요금
　　　② 무분별한 단말기 보급에 따른 국가적 자원 낭비
　　　③ 전자파에 노출된 현대인
　(2) 정신적 폐해
　　　① 사생활 침해
　　　　　㉠ 위치 추적
　　　　　㉡ 카메라폰 악용
　　　② 소음 공해
　　　　　㉠ 공공장소
　　　　　㉡ 업무·수업시간
　　　③ 핸드폰 중독증
　　　　　㉠ 미소지시 심리적 불안
　　　　　㉡ 신형모델에 대한 집착
　(3) 해결 방안
　　　① 제도적 해결 방안
　　　　　㉠ 요금제도 개선
　　　　　㉡ 사생활 침해 예방을 위한 법적 조치 강화
　　　　　㉢ 공공장소 사용제한 규정 강화
　　　② 개인적 해결방안
　　　　　㉠ 공공장소에서의 사용 자제
　　　　　㉡ 불필요한 사용 자제
3. 종결부
　(1) 정리
　(2) 의식 전환

〈옥의 티〉
대주제 : 술
소주제 : 음주문화의 실태

　　　　음주로 인해 발생되는 여러 문제점
　　　　올바른 음주문화의 정착 방안
주제문 : 올바른 음주문화를 정착시키자.
1. 도입부
　(1) 대학가의 추잡한 밤풍경
　(2) 놀이문화의 부족
2. 전개
　(1) 과도한 음주의 원인
　　　① 사회적 원인 : 술 권하는 사회
　　　② 개인적 원인 : 알콜 중독
　(2) 과도한 음주 실태와 나타날 수 있는 문제점
　　　① 신체적 문제
　　　② 경제적 문제
　　　③ 인간관계에서 생기는 문제
　(3) 음주문화의 해결책
　　　① 사회적 차원 · 공익광고, 대체문화 제시 및 정립
　　　② 개인적 차원 : 개인의 의지, 정신과 상담, 주변에 도움 요청
3. 종결
　(1) 정리
　(2) 우리의 자세(의식 전환과 실천 다짐)

제 6 장

화법의 실제

Ⅰ. 화자와 청자의 관계에 따른 화법

1. 대화화법

1) 개 념

가장 기본적인 화법의 유형으로 1대 1, 1대 多數, 多數 대 多數가 서로 마주 대하고 말하는 것으로 상담, 담소, 담화, 대담, 면접, 회견 등을 내포한다. 보통 대화라 하면 두 사람이 마주 보며 주고 받는 의사소통이라 할 수 있다. 이에 대화는 말하며 듣고, 들으며 말하는 것이므로, 대화할 때에는 말하기의 速度나 음성의 高低를 적절하게 조절해야 한다.

2) 대화의 화제

화제는 대화에서 가장 중심이 되어야 하므로 풍부한 화제를 갖추고 있어야 한다. 대화의 화제가 좋더라도 청자의 반응과 호응이 있어야 한다. 따라서 화제는 상대방에게 친숙한 것이어야 하고 흥미를 불러일으켜야 한다. 그리고 복잡하고 추상적인 것보다는 단순하고 구체적인 것이 좋다. 또한, 대화는 목적이 뚜렷한 것이어야 한다. 대화의 목적에는 정보전달적인 것, 상대방을 이해하고 설득하려는 것, 그리고 즐겁고 유익한 시간을 보내기 위해 환담하는 것이 있다.

3) 대화의 단계[11]

대화를 성공적으로 하기 위해서는 말하기 전에 첫 대면에서부터 헤어질 때의 인사말까지도 미리 생각해 두는 것이 필요하다. 따라서 대화에는 다음과 같은 일정한 단계가 있다.

(1) 제1단계 : 분위기 조성

인사말을 한 다음, 부드러운 분위기를 만든다. 첫 대면에는 통성명을 하는데, 상대편의 기억에 남을 수 있는 인사말을 하는 것이 좋다. 자주 만나는 사이라면 "안녕하십니까?", "오래간만입니다." 등이 무난할 것이다. 또한, 부드러운 분위기 조성을 위하여 날씨, 계절에 관한 이야기 등의 공통 화제를 찾아 이야기를 나누는 것이 좋다. 다만 너무 긴 시간을 소요하지 않도록 한다.

(2) 제2단계 : 목적 확인

대화의 목적을 말하고 친숙감과 신뢰감을 주기 위한 이야기를 나눈다. 남을 방문했을 때에는 '지나가다 들렀다', '무엇을 의뢰하러 왔다', '무엇을 전하러 왔다', '무엇을 배우려 왔다' 등의 방문 목적을 간단히 말하도록 해야 한다.

(3) 제3단계 : 주지 전개

'이렇게 이야기하고자 한 것은', '그런데', '그것은 그렇다고 해 두고', '그래서', '이야기는 바뀌는데…' 등의 전환접속어로 이야기

---
11) 전영우 외(1995:139) 참조.

를 이끌어 나가면서 목적을 달성하기 위한 이야기를 한다. 이 단계에서는 이야기가 주제에서 딴 데로 벗어 나가지 않도록 특히 주의해야 한다.

(4) 제4단계 : 의견 조정

부탁이 목적이라면 상대가 부탁을 들어 주도록, 사과가 목적이라면 상대로부터 용서를 받도록 조정한다. 대화에서 상대가 화자의 의견을 받아들이지 않을 때에는 어떤 이유가 있게 마련이므로 충분한 조정이 필요하다.

(5) 제5단계 : 감사의 말

결론을 확인하고 감사의 말로 끝맺는다. 대화의 목적이 달성되었는지의 여부를 확인하고 의문점이 남지 않도록 한다. 또한 대화의 목적을 달성하지 못했더라도 감사의 말을 하고 헤어져야 한다.

4) 대화의 구조

어떤 발화를 이해한다는 것은 암호화된 발화를 단순히 '해독'하는 것이 아니고, 자신의 체험과 기대를 들은 것과 통합하는 데에 있다. 훔볼트는 수용의 창조성을 분명하게 강조한 바 있다. 듣고 이해하는 것에는 과거의 것이 다시 생겨나는 것이 아니라 오히려 새로운 것이 생겨나고, 화자측의 이해 가능성에 대한 예측성은 청자측의 의도의 재구성에 해당된다. 커뮤니케이션에서 발화를 생산하는 능력은 발화의 이해 능력과 분리할 수 없다. 그 이유로 모든 대화 파트너는 동일한 대화에서 발화를 생산하고 이해하기 때문이며, 생산은 이해의 순간을 예측하고 이해는 생산의 순간을 재구성하기 때문이다. 이러한 능력은 전체적으로 의미가 있으며 대화 파트너에게 동일한 의미를 전달하는 대화를 가능케 한다.

5) 대화의 유의점

(1) 분위기 조성

대화의 주제와 목적에 따라 장소, 시간 등을 고려하고, 상대방의 긴장을 풀어 주는 가벼운 이야기(날씨, 계절 등)로 부드러운 분위기를 만드는 것이 중요하다.

(2) 언어예절

가급적 지나치게 자극적인 말은 피하고, 은어나 비어 등을 삼가며, 특히 상대편의 약점을 지적하는 말은 하지 않는 것이 좋다. 대화 도중에 마음에 들지 않는 말이 있다 해도 분내하거나 노하기를 자제하는 대화의 인내도 필요하다. 그리고 대화의 목적을 달성하지 못했더라도 감사의 말을 잊지 말아야 한다. 청자의 입장에서는 밝은 표정으로 상대편을 인정하는 태도를 가지고, 상대편의 말을 眞摯하게 들어 주어야 한다. 또한, 자신을 개방하고 상대를 적극적으로 이해하며, 상대편의 상황에 맞는 이야기를 해야 한다. 자세히 알지 못하는 것을 아는 체하거나 자신을 뽐내고 자랑하지 않아야 하며, 이야기를 독차지하지 않도록 해야 한다.

2. 대화화법의 실제

화법교육론의 주 대화유형은 교사와 학생 간의 면담이 주를 이룬다. 이외에 친구 간의 대화와 선후배 간의 대화를 들 수 있다. 이 부분은 주로 상담화법에 관련된 것으로 Bruce & Barbara Thompson(1989), 『Walls of my Heart』의 내용을 정리한 것이다.[12]

---

[12] 부르스탑슨 외(1989)의 『Walls of my Heart』를 번역한 정소영(1993:97~133) 참조.

1) 거 절

(1) 감정적인 영역

 상담은 좋은 일보다는 문제에 대한 해결을 위한 것이 많다. 성격적 왜곡의 첫 번째 범주는 우리 삶에 매우 강한 영향력을 미치는 감정 영역이다. 우리의 마음의 벽을 조성하는 것으로 슬픔, 자기연민, 자기증오, 우울, 무관심, 열등감, 불안정, 실패감, 죄의식, 낙심, 절망 등을 들 수 있다.

① 슬픔(sadness)
 우리는 어떤 일에 대한 기대감이 무너질 때 마음의 슬픔을 느낀다. 중년에 배우자를 잃는 등의 이유로 어떤 일정 기간 동안 슬픔 속에 있는 것은 정상적일 수 있다. 그러나 어떤 사람이 반복적으로 오랜 기간 동안 슬픔으로 인해 정상적인 생활을 할 수 없다면, 이는 슬픔이 만성적인 상태가 되어 결국 자기파멸로 치닫게 된다. 원하는 만큼 성적이 오르지 못한 학생, 자기가 좋아하는 친구가 다른 학생과 친하게 된 경우, 근친상간으로 인해 순결을 잃은 여학생, 술에 취한 아버지로부터 폭력에 시달리는 학생, 부모의 이혼 소송에 집에 들어가기조차 싫어하는 학생, 남편의 외도로 인해 그의 사랑을 잃어버린 아내, 젊은 나이에 실직한 어느 아버지의 슬픔 등 수없이 많다. 이러한 경우, 슬픔은 어떤 중요한 출처로부터 거절 받는 아픔이 지속될 때 그에 대한 반응으로 생성된 하나의 대치감정(substitute emotion)이다. 이를 치유받기 위해서는 있는 그대로 모든 것을 내려 놓아야 하며, 우선 청자는 들어주고 그가 그 모든 것으로부터 자유함을 얻을 수 있도록 격려해 주어야 한다.

② 자기 연민(self-pity)

  자기 연민은 단지 나쁜 습관일 뿐 아니라 하나의 죄이기도 하다. 우리가 점점 그것에 빠져들게 될수록, 우리는 마음에 안 드는 상황이 닥칠 때마다 더 쉽게 이러한 사고 유형으로 전환하게 된다. 자기 연민을 반복하는 사람은 어떤 실망스런 일에 대해 계속적으로 자신을 위로한다. 그것이 지나칠 경우, 그는 다른 사람들도 자신을 위로해 주기를 바라게 되며 사람들을 교묘하게 조종하여 자신의 자기 연민을 채우게 만든다. 그러나 싸움에 직면하여 해결하지 못한 그는, 이내 아무도 채울 수 없는 구덩이 속에 빠지게 된다. 그러한 자기 연민은 거절을 나타낼 뿐 아니라 그것을 더 강화시키는 하지만, 보통 거기에 빠져 있는 사람에게는 그것이 쉽게 보이지 않는다. 진정으로 감사하는 마음을 갖는 것만이 만성적인 자기연민과 자기 자신 속으로 빠져드는 내성(introspection)을 치료할 수 있는 확실한 성격적인 방법이다.

③ 자기 증오(self-hatred)

  20세기를 살아가는 사람들 중 놀라울 정도로 많은 수의 사람들이 자기 자신에 대한 부정적인 느낌 때문에 고통스러워하고 있다. 어떤 사람들에게는 그것이 산발적으로 드물게 일어나지만, 어떤 사람들에게는 이 싸움이 만성적인 것이 되어서 자신을 무력하게 만들기도 한다. 자기 증오는 '다른 사람에게 거절을 당한 후에 스스로를 거절하는 것'이라고 정의할 수 있다. 한 개인으로 하여금 자기 증오를 극복하게 하는 일은 상담자가 직면하는 가장 큰 도전 중 하나일 것이다.

  이네즈가 아직 십대 초반이었을 때, 그녀의 아버지가 삼촌으로 하여금 그녀에게 정기적으로 테니스를 지도해 주도록 했다. 그 몇 주 동안, 삼촌은 서서히 그녀를 성적으로 괴롭히기 시작했는

데, 겉으로 드러난 그의 감정이 너무 강력해서 이네즈는 그것을 어떻게 처리해야 할지 알 수가 없었다. 이네즈는 부모님이 자신의 말을 믿지 않을 것이라고 생각했기 때문에 부모님께 그 이야기를 할 수가 없었다. 이네즈는 삼촌에 대한 깊은 분노 외에도 애당초 그녀를 삼촌과 함께 보내게 한 아버지에 대한 원망으로 괴로워했다. 이네즈는 자신에 대한 죄책감과 불결함, 그리고 증오를 느꼈다. 이네즈의 경우와 같은 근친상간은 오늘날 빈번하게 일어나고 있으며 자기 증오를 낳는 커다란 요인이 되고 있다. 정욕이 다 그렇듯이, 근친상간은 다른 어떤 것보다도 그 사람의 내적인 가치감과 자존감을 떨어뜨린다. 그러나 근친상간이 자기 증오를 더욱 증폭시키는 이유는 그 사람이 가족의 구성원으로부터 배신을 당했기 때문이다. 그 경험은 그 사람의 가치감을 매우 떨어뜨리면서 자신에 대한 책망과 분노의 감정을 일으킨다. 그러한 문제들이 아무런 해결책도 없이 방치될 때 자기 증오가 생기게 되는 것이다.

④ 우울(depression)

우울증은 여러 해 동안 미국 내에서 첫째 가는 정서적 질병으로 계속 증가하는 추세를 보이고 있는데, 특히 젊은층에서 더욱 그러하다. 처음에는 보통 생기와 활기가 사라지는 것을 느끼게 되며, 겉으로 피곤하고 슬픈 모습이 나타날 수 있다. 그 다음은 사회적 활동을 회피하게 되는데 심지어 가까운 친구들까지도 멀리하게 된다. 직장과 가정에서의 활동도 저조해지며 모든 것이 어둡고 아무런 희망이 없는 것처럼 보인다. 사고 활동도 거의 마비되고 사고한다 해도 희미한 정도에 그치게 되고, 어떤 것에 집중하는 것이 어려워진다. 일상적으로 죄의식을 느끼게 되며 자기 비난과 자기 비하가 뒤따르며, 흔히 불면증이 나타난다. 어느 특정한 시기 동안은 우울한 느낌을 갖게 되는데, 점점 빈도와 횟수를 더해 가며 길어질 경우에는 치료 조치를 취해야 할 필요가 있다. 이는 힘이 떨어지기 시작한 자동차에 비유할 수 있다. 엔진이 불연소음을 내고 푸시식거리면 분명히 우리는 차를 길가에 대고 보넷 뚜껑을 열어서 무엇이 잘못되었는지 알아볼 필요가 있다. 차의 주행능력이 떨어지게 되면 당연히 우리는 즉시 무엇이 고장인지를 살펴보고 그것을 고치려들 것이다.

아주 흔히 무시되는 사실은 우울이 가장 단순한 형태일 경우, 그것은 감정을 통해 나타나는 하나의 소리이며 우리의 삶에서 무엇인가 고쳐질 필요가 있음을 암시하고 있다는 것이다. 화학물질은 표면적으로 드러난 우리의 기분을 바꿔 줄 수는 있지만 우리의 영혼에 닿을 수는 없다. 재발을 방지하기 위해 정말 변화될 필요가 있는 것은 그 대부분이 우리의 생활 방식이다. 그러한 기질적 원인은 오늘날 나타나는 정신적 요인들이 매우 복잡하게 혼합되어 발생할 수 있으며 따라서 치료가 쉽지 않다. 우리가 우울 속에 빠진 사람의 생활 방식을 올바로 판단하지 못할 경우에 우리는 그 사람을 잃게 될 수도 있다.

⑤ 무관심(apathy)

'열정 없이 존재함, 나태한 마음, 느낌이 없는'으로 정의되는 무관심은 인생의 주요한 적이다. 사실 그 첫 단계는 인생이라는 도전 자체를 포기하는 것이다. 성경은 많은 사람들이 나태한 믿음을 가진 채 잠을 자고 있다고 말하고 있는데(롬 11:8), 연속적인 후퇴와 낙담은 원수로부터 나온 악하고 거짓된 만병 통치약을 위한 기반이 될 수 있다. 교회가 무관심한 상태로 머물며 세상의 빛과 소금이 되지 못했기 때문에, 대신 세상이 교회를 잠식해 들어오게 되었다. 그 결과로 때로는 교회와 세상을 구별하는 것조차 어렵게 되어 버렸다. 우리는 무관심이 한 영혼을 장악하고 있을 때 어떤 일이 일어날 수 있는지를 보게 된다. 무관심은 거절이나 실패에 대한 생각과 감정에서 나오게 된다.
"아무 소용없어! 결코 잘 될 리가 없으니까." 우리는 이렇게 한탄한다. "난 계속 이렇게 살 거야!"

(2) 지적인 영역
우리가 세운 벽에서 이 두 번째 범주는 우리의 사고 과정과 그 과정으로부터 파생되는 태도와 관련이 있는 지적 영역이다.

① 열등감(inferiority)
본능적인 수준에서 느껴지는 열등감은 많은 지성인의 발목에 족쇄를 채워 명료하게 사고하는 능력을 마비시킨다. 삶에서 거절이 반복될 때 사람들이 흔히 내리는 잘못된 결론은 그들이 실제로 열등하다고 느끼는 것이다. 그들이 일단 최악의 결론을 내리게 되면, 그 다음에는 이 그릇된 결론에 맞추기 위해 그들이 왜 열등한지에 대한 거짓된 이유들을 만들어 낸다. "난 너무 뚱뚱해," "난 너무 말랐어," "난 키가 너무 작아." "난 너무 키가 커," "난 너무 멍청해," 이유들은 끊임없이 계속된다.

교실에서의 수치스런 경험 때문에 깊은 열등감을 발전시키게 된 경우가 있다. 시계를 볼 줄 모르는 아이들 중 하나라는 사실을 선생님이 드러내 버렸기 때문에, 스스로 자신을 나머지 학생들보다 열등하다고 결론짓는 경우가 있다. 그 후, 그 아이는 상처를 받지 않기 위해 거의 모든 수업 활동으로부터 뒤로 물러나기 시작한다. 결국 열등감은 우리에게서 자신감을 완전히 빼앗아 가는 무서운 적이다.

② 불안정(insecurity)

오늘날의 사회에는 불안정이 만연되어 있는데 그 원인은 전염병처럼 퍼져 있는, 금이 간 가정처럼 제 기능을 하지 못하는 요인들 때문이다. 불안정은 사랑의 결핍, 그리고 우리가 어린 시절에 받은 거절로 인한 직접적인 결과이다. 이와 반대로, 안정감은 사랑과 직접적으로 관련되어 있다. 연구조사에 의하면 사랑이 부족한 환경에서 자라난 아이들은 흔히 깊은 열등감을 경험하게 된다. 여기에 포함되는 몇 가지 예들을 보면 원치 않은 임신, 아이의 성별이 바라고 있던 것과 다른 경우, 부모들이 너무 바빠서 자신의 생활로 꽉 짜여져 있거나 또는 부모들이 온화함과 사랑은 거의 없이 권위적이고 엄격하기만 한 경우 등이다. 이러한 예들은 한 개인을 불안정으로 몰고 가는 단지 극소수의 예에 불과하다.

③ 실패감(failure)

서구의 잘 알려진 어떤 노래의 가사 중 "넌 쓸모없어, 쓸모없어, 이 사람아, 넌 쓸모없어, 쓸모없어."라는 내용이 있다.

거절 속에서 살아가는 사람들의 가장 공통된 갈등 중 하나는 그들 마음 깊은 곳에 자리잡고 있는 것으로 자신이 무가치하다는 확신이다. 그들은 끊임없이 자신이 부적합하다는 느낌을 갖는데, 그들 마음 속에서는 이런 소리가 들린다. "너는 쓸모없어. 난 아무것도 될 수 없어. 내가 하는 일은 모두 잘못된 것들 뿐이야."

많은 사람들이 실패에 대한 두려움에 사로잡혀 있다. 그들은 실패했을 때 다시 회복하거나 그 경험으로부터 무엇인가를 배우는 것이 불가능해 보인다. 말에는 우리를 세울 수도 있고 무너뜨릴 수도 있는 엄청난 능력이 있다. 우리가 어렸을 때 무엇인가 실패한 결과로 '실패자'라는 꼬리표가 붙어 있을 수 있다. 이 꼬리표는 우리와 함께 자라나서 우리의 삶에 입력된 부정적인 내용들을 확인시켜 주기도 한다. 우리가 더 많이 실패할수록, 우리는 자신이 실패자라는 것을 더 깊이 확신하게 된다.

④ 죄의식(guilt)

여러분이 푸르고 울창한 아름다운 시골길을 운전하며 달리고 있다고 상상해 보라. 그런데 갑자기 계기판의 빨간 불이 깜박거리며 주의를 끈다. 그러나 저러다 말겠지, 무시하며 운전을 계속한다. 그 다음 몇 마일을 달리는 동안 그 불은 계속해서 깜박거리고 여러분의 짜증은 고조된다. '그러고 말겠지' 하고 계속 달리는데, 갑자기 엔진이 완전히 꺼져 버린다.

빨간 불은 우리의 '죄의식 측정기'(guilt-o-meter)를 나타내는데 고통이나 심지어 죽음으로부터 우리를 구하기 위해 붙박이 된 경보장치이다. 이것은 밤이든 낮이든 언제든지 깜박일 수 있지만 대체로 주의의 산만함이 줄어들고 피로 때문에 우리의 방어가 약해지는 밤에 켜진다. 그러면 우리는 억제, 전환, 강제력을 통해 그것을 침묵케 하거나, 아니면 멈춰 서서 그 내용에 주의를 기울여 우리의 생활 방식을 평가하는 두 가지 중 하나를 선택해야 한다.

프로이드 심리학(Freudian Psychology) 이론에서는 죄의식 측정기의 민감도를 낮추어 죄의식을 억압하려는 시도를 했다. 프로이드는 초자아(Super Ego)가 자아(Ego)와 본능적 자아(Id)에 보내는 내용이 주로 이상적인 부모가 말하는 내용이라고 믿었다. 그러나 어떤 사람도 그 기준에 도달할 수가 없다. 이러한 생각은 많은 대중적인 개념들을 낳게 되었는데, 그 결과로 사회는 우울증, 또는 억압된 죄의식과 싸우고 있는 많은 사람들로 넘쳐나고 있다. 그러나 만약 죄의식이 말하고 있는 내용이 정확하게 수용되고 이해되며 거기에 적절한 조정이 이루어진다면 삶은 다시 균형을 되찾고 향유될 수 있다.

2) 반 항

전(前) 우간다 통치자였던 이디 아민 다다(Amin Dada)는 현 시대에 가장 극단적인 형태로 반항의 대표적인 성격을 보여 준 인물이다. 이디 아민은 누비앙(Nubians)이라는 떠돌이 집단에서 자라나며 누가 자신의 진짜 아버지인지도 모른 채 어머니와 함께 자주 이곳 저곳을 옮겨 다녔다. 우간다에서 누비앙은 천민 중에서도 가장 저급한 집단으로 취급되었다. 그가 성장 과정에서 받게 된 메시지는 분명 거절에 속한 어떤 것이었음이 틀림없다.

그가 군에 들어가고 계급이 높아지자, 아민은 그때까지 자신의 인생에서 받아 온 거절의 메시지를 벗어 던지고 반항의 다림줄을 따르기 시작했다. 비천한 출신 배경과 초라한 교육 수준에 대한 과잉 보상으로, 그는 '우월 의식'이라는 콤플렉스에 빠지게 되었다. 아민은 광적인 군인이 되어 무자비할 정도로 경쟁적이 되었으며 자신의 정치적 야망을 위해서라면 어떤 수단도 가리지 않았다. 자신의 영웅이었던 아돌프 히틀러와 경쟁이라도 하듯이, 아민은 1971년 이후 10만 명이 넘는 그의 동족에게 고문과 살인을 서슴지 않았다.

아민의 적개심은 특히, 그가 자신의 반대자들을 악어떼에게 던지기 전에 고문시 사용했던 엄청나게 잔혹한 방법에서 명백히 드러난다. 그의 지배욕과 철저한 소유욕은 야만적인 힘과 교활함, 거짓을 사용하여 성공하려는 그의 절대적인 결단에서도 나타난다. 그는 영국 여왕에게 여러 번 편지를 써서 영국의 정치적, 경제적 문제를 해결해 주겠다고 제의했으며, 심지어 여왕의 고문으로 자신을 추대하기까지 했다. 그는 자신의 권위에 대해 극도로 방어적이 되어 감히 그의 권력에 의문을 제기하는 어떤 사람과도 관계를 유지하지 않았다. 그는 '포고령에 의한 법률'을 만들어 내었는데, 자신에게 동의하지 않거나 도전하는 사람은 누구나 사형에 처했다. 그것이 자신의 권위에 의문을 가진 사람들을 침묵하게 만드는, 그가 아는 유일한 방법이었다.

"나, 본인은, 나 자신을 세계에서 가장 강력한 인물이라고 생각한다." 이러한 그의 말에서도 볼 수 있듯이, 이디 아민은 군림하고, 조종하며, 완고하고, 배우려 하지 않는 영(spirit)과 더불어 자신의 위세에 대한 망상을 보여 주고 있다.

① 적개심(hostility)

한번은 어떤 중년 남성과 상담을 하게 되었는데, 상담 도중에 그의 아버지에 관한 이야기가 나왔다. 그러자 그가 갑자기 앉은자리에서 벌떡 일어나더니 귀청이 떨어져 나갈 듯한 큰 소리를 지르며 주먹으로 탁자를 내리쳤다. 그 탁자는 그가 내리친 자르기로 인해 거의 두 동강이 나 있었다. 단지 그의 아버지에 대해 이야기한 것만으로도 그 안에 깊이 자리잡고 있던 상처를 적개심의 형태로 올라오게 만든 것이다. 분노는 그의 깊은 상처뿐 아니라 그의 성격이 발달하는 것도 가로막고 있었다.

분노는 건설적인 방식으로 해소될 수 있다. 그러나 고삐가 풀린 적개심은 매우 위험한 것이다. 분노는 흔히 상처로 인해 생기는데 상처가 끊임없이 계속되면, 분노도 계속된다. 이러한 고질적인 분노의 문제를 가진 사람은 흔히 해결되지 않은 어떤 내적인 갈등이나 깊이 자리잡은 상처로 인해 고통을 겪고 있는 경우가 대부분이다. 분노는 그것이 수용될 만한 방출구를 찾지 못하면 밑으로 가라 앉게 된다. 그렇게 되면, 처음에는 그것을 과도하게 통제하다가 그 다음에는 통제력을 잃고 폭발해 버리는 악순환이 일어날 수 있다. 이러한 사람들에게는 매우 여러 가지 감정들이 쌓여 있을 수 있으며 깊은 우울이나 폭발적인 분노가 그 유일한 출구가 된다. 고통스런 감정이 만성적으로 억눌리게 되면 그것이 정신적인 질병이나 정신 신체 장애의 형태로 드러나기도 한다.

② 자만심(conceit)

　자만심으로 가득한 사람은 보통 외로움과 싸우고 있다. 그러나 그들의 무관심한 행동과 은혜를 베푸는 듯한 말투는 우정의 잠재성을 가진 관계들을 가로막는다. '나는 한 단계 위'라는 식의 표현에, 사람들은 자신들의 모습이 평가절하되고 자신을 얕보는 듯한 느낌을 받게 된다. 자만심에 찬 사람들의 자신에 대한 가치감은 다른 사람을 낮춤으로써 강하게 상승되는데, 이는 다른 사람들과의 동료 관계를 상실하는 결과를 낳는다.

③ 심적 고조(elation)와 심적 저조(deflation)

　조슈아 로간(Joshua Logan)은 이런 말을 했다. "우울증은 무서운 존재이다. 그런데 그와 정반대의 성격을 가진 심적 고조는 훨씬 더 무서운 존재이다. 한동안은 그녀가 매력적으로 보일 수 있다. 그러나 그녀가 점점 올라갈수록 인간은 깊은 우울 속에 있었을 때보다 훨씬 더 위험하게 된다."

　갈등이나 압박감이 있는 경우에 사소한 감정 기복을 겪는 것은 인생에서 누구에게나 있을 수 있는 일반적인 현상이다. 우리가 인생을 살아가는 과정에서 겪게 되는 위기는 도로 위로 튀어 나온 융기와 비슷하다. 자동차의 충격 흡수 장치가 부드럽게 올라갔다가 다시 내려오는 것처럼, 우리의 기분도 그와 마찬가지이다. 그것은 정상적인 일이며, 나중에는 그 차가 다시 와중에 의해 제자리로 돌아오듯이 우리의 긴장 정도가 극에 달하지 않는 이상 우리도 그렇게 된다. 이런 일이 생기면 우리의 기분은 '조증 상태'(manic state)로 올라가거나 '우울 상태'(depressive state)로 떨어질 수 있고, 아니면 그 두 상태 사이에서 왔다 갔다 하며 흔들릴 수도 있다. 그런데 이러한 기분의 변화가 매우 심해질 수도 있는데, 그럴 때는 감정적 통제력이 상실되거나 소위 정신 이상으로 불리는 상태가 발생하기도 한다. 휴식을 취하는 것과 내적인 갈등을 해결하는 것이 이를 방지하는 중요한 예방 조치이다.

④ 우월감(superior)

좀더 높은 자격을 가진 사람들은 그보다 서열이 낮은 사람들과는 단지 기본적인 이야기 외에는 더 이상의 관계를 맺으려 하지 않는다. 그러나 사람들이 계속적으로 은혜를 베푸는 듯한 우월한 태도로 행동할 때 그것은 종종 그들이 자신의 열등감을 과잉 보상하고 있다는 것을 나타낸다. 그들은 자신들에 의해 우리가 낮추어질 때 자신들이 상승되는 기분을 느낀다. 자신이 '한 단계 위'라는 식의 이러한 분위기는 보통 억압되어 있는 고통스러운 열등감을 감추고 보상하려는 시도이다. 그런 느낌은 부모의 학대나 어릴 적 또래 집단의 괴롭힘으로 인해 프로그램 되었을 수도 있다. 이 우월감이라는 벽돌은 매우 흔히 그 사람을 고립시켜, 그로 하여금 자신의 인생에서 의미 있는 관계들을 지속하지 못하게 만든다.

⑤ 군림(dominant)

오늘날 더 많은 아내들이 결혼 생활에서 중심 역할을 할 뿐만 아니라 그 전체 관계 위에 군림하고 있다. 현대의 결혼 생활에서 나타나는 이 같은 양상은 사회학자들에게 상당한 흥미와 관심을 불러일으키고 있다. 그 같이 군림하려는 성향은 불안정에서 나오며, 불안정은 사랑의 결핍으로 인해 생긴다. 남편들은 아내를 사랑하는 방법을 잊어버렸거나 알지 못한다. 흔히 그들은 정욕과 사랑이 동의어로 사용되는데, 사실 그 두 단어는 서로 상반되는 반의어에 가깝다. 정욕적인 관계는 아내로 하여금 이용당했다는 느낌과 불안정한 느낌을 갖게 하는데, 그 결과로 좌절이나 심지어 불감증까지 일어날 수 있다. 그렇게 되면 아내는 이러한 과정을 피하기 위해서 배우자를 조종하여 그녀가 가진 사랑의 필요를 채우게 된다. 그러한 군림하려는 태도는 결국에는 관계를 파괴하기도 하는데, 이것이 바로 오늘날 너무나 많은 가정 안에서 일어나고 있는 현실이다.

⑥ 고집(stubbornness)

성경에는 한 고집 센 당나귀에 대한 이야기가 나온다(민 33:22-33). 어느 이른 아침, 그 주인은 말에 안장을 얹고 긴 여행을 떠난다. 그런데 얼마 못 가서 그 당나귀가 갑자기 길을 바꾸어 밭으로 들어간다. 화가 난 주인은 그 당나귀를 때리며 다시 길로 들어서게 하려고 애를 쓰지만 오히려 당나귀는 돌벽에 자기 몸을 밀쳐서 주인의 발을 상하게 한다. 그는 매우 화가 나서 또다시 당나귀를 때린다. 그 주인은 자신의 당나귀가 칼을 빼어든 채 길을 막고 서 있는 천사 때문에 그런 반응을 보인다는 사실을 알지 못했다. 그 당나귀는 자기 주인이 칼로 베임을 당하지 않도록 보호하기 위해 세 번이나 길옆으로 벗어났지만, 그때마다 주인은 당나귀에게 채찍질을 했다. 마침내 그 당나귀가 등에 주인을 태운 채 주저앉아 버리자, 주인은 당나귀에게 자신에게 칼이 있었다면 죽였을 것이라고 위협한다. 그런데 갑자기 그의 눈이 열려 자기 앞에 여전히 칼을 빼어 들고 서 있는 주의 천사를 보게 된다.

위의 이야기에서 보듯이, 인간의 지독한 고집은 흔히 새로운 상황에서 발생하는 우리의 불안정 때문에 일어난다. 고집은 또한 어느 오랜 시기 동안 발전된 습관이 하나의 유형으로 굳어져서 발생하기도 하는데, 특히 지위를 오용하거나 남용했던 권위자를 향한 습관적 유형에서 기인한다.

⑦ 배우려 하지 않음(unteachableness)

어떤 사람들은 뭔가 새로운 것을 배운다는 것을 인정하기가 어렵다. 그들이 가진 정체감의 대부분이 그들의 지식 속에 싸여져 있기 때문에 그렇게 하는 것은 자기가 낮아지는 것을 의미한다. 인생에서 일어나는 도전에 융통성 있게 적응하며 새로운 것을 배움으로써 지혜가 자라게 하는 대신, 그들은 정체감의 위기 속에 빠지고 만다.

⑧ 망상(delusions)

기만이 만성화되면 그것이 망상으로 발전될 수 있다. 한 중년 여성의 경우, 남편이 한때 외도를 한 적이 있었는데, 남편을 용서하기가 매우 어려웠다. 아주 일시적인 변덕스런 기분이나 공상이 일어나기만 해도 그녀는 머리 속에서 남편이 다른 여자와 관계하는 모습을 그렸다. 그녀의 생각들을 증명하는 것이 아무것도 없었음에도 불구하고 그들의 결혼 생활은 긴장으로 인해 거의 파괴되어 가고 있었다. 망상이 고쳐지지 않을 경우, 그것은 정신 이상의 단계인 편집증으로 발전하여 전문적인 치료를 요할 수도 있다.

⑨ 원망(resentment)과 쓴 뿌리(bitterness)

원망은 용서하지 않았을 때 우리 마음 속에서 일어나게 된다. 말이나 행동, 또는 어떤 반응이 우리를 아프게 하거나 상처를 주게 되면, 우리는 그것을 용서할 것인가, 아니면 마음에 품고 있을 것인가 하는 선택에 직면하게 된다. 만약 용서할 경우, 우리는 자신의 죄도 하나님께 용서받을 수 있는 자리에 놓이게 된다. 그러나 우리가 마음 속에 원망이 생기도록 허락할 경우, 우리는 하나님의 용서를 위한 길목에 장애물을 놓게 되며 쓴 뿌리가 들어오는 문을 열어 놓게 된다. 우리의 마음 속에 쓴 뿌리를 허락할 경우, 그것은 억센 뿌리를 땅 속에 내린 잡초처럼 이내 우리의 마음을 다 장악할 정도로 깊이 뻗어 내려 우리의 정신, 영혼, 육체까지 오염시킨다.

서로 용서하는 것이 사랑이 의미하는 전부이다. 용서치 않을 때 우리의 영은 쓴 뿌리를 품게 되고 굳어지게 된다. 쓴 뿌리는 수많은 결혼 생활, 가정, 사회를 파괴시킨다. 우리는 그것이 우리들마저 파국으로 몰아넣는 것을 원치 않는다. 쓴 뿌리는 또한 정신적, 육체적 이상을 초래할 수도 있는데, 먼저 용서가 이루어진 후에야 비로소 성공적인 치료가 가능하다.

⑩ 비판(criticalness)

　비판적인 태도는 불만족으로 인도하고, 불만족은 감사와 고마운 마음을 몰아낸다. 그렇게 되면 우리의 주의는 우리 안으로 향하여 자기 연민의 형태가 나타나게 된다. 우리는 매사가 혹평을 하는 자신의 성향을 '긍정적인 비판'(positive criticism)으로 가장할 수도 있다. 그러나 그것이 가진 파괴적인 성향 때문에 그것은 정반대의 것이 될 수밖에 없다. 지나치게 비판적인 성향은 부정적인 것이며 다른 사람들을 파괴할 수 있다. 우리는 우리를 예리하게 만들어 주는 '비판적인 사고'(critical thinking)와 다른 사람을 무너뜨리는 '비판적인 영'(critical spirit)이 가진 차이를 분별하는 법을 배워야 한다.

⑪ 지배(controlling)와 소유욕(possessiveness)

　이 두 가지는 인간의 마음을 둘러싸고 있는 벽 속에서 매우 밀접하게 연결되어 있다. 그 이유는 하나가 또 다른 하나로 인도하기 때문이다. 우리는 불안정과 상처로 인해 우위를 유지하려는 노력의 일환으로 지배라는 것에 의존할 수 있다. 우리가 반복적으로 지배라는 수단을 사용하게 되면 그것은 소유하려는 성향으로 발전하게 되고, 그렇게 되면 우리는 다른 사람들의 인생을 우리가 대신 살려 하게 된다. 이러한 왜곡은 개별성을 질식시키기 때문에 인간 관계에 있어서 치명적인 흉기가 된다.

3) 사 랑

성경에서 정의하는 사랑은 무엇인가? 사랑은 주기 위해 관계를 발전시켜 나가고 조종은 얻기 위해 관계를 발전시킨다. 하나님이 세상을 이처럼 사랑하사 우리를 소유하셨다? 아니다! 하나님이 세상을 이처럼 사랑하사 우리에게 독생자를 주셨다(요: 3,16). 사랑에 대한 우리의 개념은 너무나도 왜곡되어 있어서 우리가 가진 사랑의 동기는 뭔가를 얻기 위한 것이 되어 버렸다. "나는 아내가 필요해," "나는 남편이 필요해." 그러나 그것은 하나님이 설계하신 결혼의 동기가 아니며 하나님으로부터 온 사랑의 다림줄을 따르고 있지도 않다. 오늘날의 사회에서 사랑은 너무나 빈번히 왜곡되고 있다. 대중매체는 사랑이라고 부르는, 그러나 사실은 정욕에 불과한 것을 우리들에게 한없이 주입시키고 있다.

지금까지 우리가 치유받아야 할 많은 문제들이 있음을 살펴보았다. 결국 이 모든 문제를 해결할 수 있는 가장 큰 해결방안은 바로 '사랑'이다. 마음으로부터 우러나오는 사랑은 '섬김'과 '나눔'으로 구체화 될 수 있다. 이는 움켜 쥐는 것이 아니라, 손을 펴서 나누는 일종의 맡김의 삶이다. 어린 아기를 목욕시킬 때, 아기는 물에 앉으려 하지 않고 필사적으로 엄마 손을 잡는다. 사실 움켜쥐었던 손만 펴면 아늑하고 따뜻한 물 속에서 놀이를 할 수 있는데, 이 사실을 모르는 것이다. 우리의 삶도 마찬가지이다. 움켜쥐었던 것을 펴면 자유함을 얻을 수 있고, 그 자리엔 모든 것을 포근하게 감싸줄 사랑이 대신 자리함으로 진한 감동을 느낄 수 있다.

3. 면접

1) 면접의 중요성

면접은 화자는 질문하고, 청자는 답변하는 형식으로 이루어진다. 21세기의 디지털 시대에는 개인의 실무능력, 문제해결 능력, 창의성 등을 갖춘 우수 인재의 선발을 위해 면접을 대폭 강화하고 있는 추세이다. 특히 요즘은 개인의 지적 능력보다는 인간성에 초점을 맞추고 있어 평소 올바른 가치관 함양이 필요하다. 따라서 단순히 성적과 지식이 뛰어난 수재형보다는 열정적이고 긍정적이며 창의적인 사람을 이 사회는 필요로 한다. 또한, 어느 집단 사회이건 간에 두드러지고 이기적인 인물보다는 팀의 분위기에 융화할 수 있는 인성을 중시하는 사람을 선호하는 시대이므로 그 어느 때보다도 면접이 중요하게 되었다.

2) 면접의 유형

면접에는 1:1의 단독면접, 1:다수의 개인면접, 다수:다수의 집단면접이 있다. 우선, 단독면접은 응시생 한 사람을 한 사람의 면접관이 개별적으로 질의응답하는 가장 보편적인 방법이다. 태도를 바르게 하며 말을 또박또박 분명하고 정확하게 대답해야 한다. 혹 잘 모르는 질문이라고 하더라도 움츠리지 말고 당당하게 자신의 의사를 표현하는 것이 좋다. 개인면접은 면접관이 여러 명이기 때문에 자칫 긴장할 수 있다. 여러 사람이 면접을 하기 때문에 자세와 시선, 그리고 정확한 어휘구사가 필요하다. 반문질문이 있을 수 있으므로 항상 답변할 준비를 하고 당황하지 말아야 한다. 집단면접은 다수의 면접관이 다수의 응시생을 면접하는 방법이다. 다른 학생과 비교하기 때문에 복장, 머리, 신발 등 외양에도 신경을 써야 하고, 태도에도 신경써야 한다. 공통질문 정도의 자기소개에 이어 어느 특정한 주제에 대한 질문이 나가기 때문에 발언을 먼저 하는 것이 좋다. 왜냐하면 다른 응시자들이 먼저 말을 하게 되면 자신이 생각한 것을 이미 다른 응시자들이 거의 모두 답변했기 때문에 자칫 발언권을 갖지 못한 채로 끝날 수 있으므로 적극적인 자세가 필요하다. 또한, 독특하고도 창의적인 사고의 발언이 필요하므로 평소 책을 많이 읽고 다양한 사고를 할 수 있도록 준비하는 것이 좋다.

이외에도 주제발표식면접(프리젠테이션면접)이 있다. 이는 전문지식, 시사상식, 기획력과 분석력 등을 평가하고자 하는 면접이다. 면접 방법은 다수의 주제 가운데 하나를 선택하여 주어진 시간 안에 자신의 견해를 발표하는 것으로 평소에 신문사설, 시론, 칼럼, 시사토론 등을 통해 논리적이며 체계적인 사고력을 키우고 이를 발표하는 능력을 기르는 것이 좋다.

3) 면접 준비

(1) 정보수집 및 분석

응시자가 면접에 임하기 전에 우선 응시하는 곳에 대한 사전 자료 수집이 필요하다. 이는 직접 그곳을 방문하여 여러 가지 자료를 수집하거나 인터넷 등을 이용하여 정보를 얻는 것이 좋다.

(2) 가정생활

응시자의 성장환경을 통해 어떤 가치관을 갖고 성장했는지를 평가한다. 따라서 가족 소개, 가훈, 부모님 직업, 부모님의 영향, 세대차이, 가족애 등에 대한 질문을 할 수 있다.

(3) 학창시절

학창시절을 어떻게 보냈는지를 전공과의 연계성 및 동아리 활동 등을 통해 평가할 것이므로 전공의 적성문제, 동아리활동, 봉사활동, 어학연수, 입사 후 일하고 싶은 부서 등에 대한 질문에 대비하는 것이 좋다.

(4) 인간관계

대인관계 등 원만한 인간관계에 대한 평가를 한다. 따라서 사람을 만날 때 무엇이 중요한가?, 진정한 친구가 있는가?, 본인의 단점은 무엇이며 이를 극복하기 위한 방안은 무엇인가? 이상적인 동료관계를 무엇으로 보는가? 등에 대해 준비를 해야 하지만 평소의 삶 자체를 원만한 인간관계로 살아가는 것이 필요하다.

(5) 직업관

앞으로 평생직장이 될 수 있기 때문에 올바른 직업관을 긍정적으로 피력하는 것이 좋다. 자신의 직업관, 바람직한 직장인상, 업무와 연봉의 관계, 회사와 가정과의 관계 등에 대한 질문을 할 수 있다.

(6) 지망동기

가장 중요하고도 기본적인 질문이다. 왜 교사가 되려고 하는가?, 우리 회사를 지망하게 된 동기가 무엇인가?, 우리 회사에 대해 얼마나 알고 있는가? 우리 회사 외에 다른 회사에 취직시험을 본 적이 있는가? 등에 대해서도 준비가 필요하다.

4. 연설

1) 연설의 성격

연설은 화자인 연사가 많은 대중을 상대로 자신의 평소 持論을 전달함으로써 자기의 사상이나 감정에 공감하게 하는 것이다. 연설의 특징은 연사와 청중 사이에 일정한 거리가 유지되어 있다는 점이다. 특히, 많은 청중을 대상으로 일방적으로 전달하기 때문에 주제가 분명해야 하고, 시간을 지켜야 하며, 청중을 지루하지 않도록 유머를 섞어가며 이끌어 가는 것이 좋다. 특히, 그 목적이 청중을 설득하는 데에 있기 때문에 청중의 성향이나 수준 등을 고려하고 청중에 적합한 주제 선정이 필수적이다. 적절한 제스처와 분명한 발음, 말의 속도와 억양, 휴지 등에 유의하여 진행해야 한다. 연설은 특히, 끝 부분이 중요하다. 청중이 깜짝 놀랄 만한 내용이나 인용 등으로 강하게 마무리 지어야 한다. 무엇보다도 중요한 것은 그 내용 전달이 진실하다는 느낌을 청중에게 줄 수 있어야 하므로 얼굴 표정 등 사소한 외양에도 신경을 써야 한다.

2) 연설의 준비와 구성요소

연설을 잘 하려면 사전에 철저한 준비가 필요하다. 우선, 주제를 정하고 중심 생각을 전개하고 이에 대한 자료를 수집해야 한다. 그리고 청중이 잘 이해할 수 있도록 정리, 분석하는 등 연설 목적을 이룰 수 있는 구성이 필요하다. 마지막으로 주제를 요약하는 마무리가 필요하다. 이외에도 연사는 여러 사람 앞에서 말하기 때문에 긴장할 수 있으므로 사전 준비가 필요하다. 청중을 가까운 친구나 知人으로 생각하여 편안한 마음으로 하는 것이 좋다. 연설하는 동안 분명한 발음으로 말해야 하며, 동작과 표정에도 신경써야 한다.

그리고 연설의 구성 요소는 참여자(연설자와 청중), 환경(시간, 장소), 목적(결과)으로 이루어진다. 연설자는 청중의 성격을 고려하여 주어진 시간에 분명한 목적이 나타나도록 준비해야 한다.

(1) 청중 분석
청중의 연령, 성별, 윤리관, 종교, 직업, 교육수준 등을 고려한다.

(2) 환경 분석
장소, 시간, 시간제한, 감정적 상태 등을 고려해야 한다. 감정적 상태는 청중의 심리상태에 대한 것으로, 예를 들어 태풍 피해를 입은 지역의 청중이라면 그러한 안타까운 감정을 반영하여 전개해야 한다.

(3) 주제선정과 어휘 선택

주제는 가급적 제한적이고 구체적일수록 좋다. 또한, 연설자의 취미나 경험, 그리고 관심 분야에 관련된 것으로 화자가 친숙하고 잘 알 수 있는 주제로 정하는 것이 좋다. 그리고 어휘 선정도 청중의 직업과 수준을 고려하는 것이 좋다. 특정 직업이나 그 문화에 적합한 어휘를 고려해야 하고, 너무 쉽거나 혹은 너무 어렵거나 추상적인 단어는 청중이 관심을 갖지 않을 수 있다.

(4) 연설의 목적

연설의 목적은 기대하는 결과를 얻기 위해 새로운 정보를 알려주거나, 청중들이 특정 행동을 하도록 설득하는 데에 있다.

(5) 연설 후 분석

연설이 청중에게 어떻게 영향을 끼쳤는지를 알려면 질의 응답 시간을 가져야 하는데, 청중의 질문은 연설자의 연설이 얼마나 명확히 전달되었는가를 보여줄 수 있기 때문이다.

3) 연설 방식과 유형

연설 방식에는 즉석식 연설과 간단한 메모 연설, 그리고 원고 연설 등이 있으며, 목적에 따라 報告 연설, 說得 연설 등으로 나눌 수 있다.

(1) 즉석식 연설

사전에 아무 준비 없이 과거의 경험과 배경 지식을 바탕으로 즉흥적으로 하는 연설이다. 이는 질문에 대답하거나 의견을 갑자기 제시하는 연설로 대인 관계 속에서 상호작용 등 연설자가 질문에 즉흥적으로 답변하는 에드립(ad lib speaking)과는 구별된다. 이러한 연설은 자발적이고 자연스러우며 연설자의 현재 기분 상태를 반영하는 장점이 있는가 하면, 자기의 생각을 논리적으로 전달하지 못하고 불필요한 말을 하거나 중복된 말을 할 수 있는 단점이 있다.

(2) 메모 연설

이는 사전에 충분한 준비를 할 시간이 없으므로 간단한 메모나 요지 정리 정도로 하는 경우이다. 자기의 중심 생각을 자연스럽게 전달하는 장점이 있으나, 사전에 원고를 준비하지 않았기 때문에 정신적으로 불안하거나 청중이 요구하는 내용을 충분히 전달하지 못하는 단점이 있다.

(3) 원고 연설

사전에 연설할 내용을 문서화한 경우이므로 정신적으로 안정되고 논리적이고 체계적인 내용 전달의 연설을 할 수 있으며, 정확한 언어 전달 효과와 적절한 동작을 할 수 있다. 또한, 문서화되었으므로 영구적으로 보존할 수 있어 다음에 유사한 연설을 할 경우 도움이 될 수 있는 장점이 있다. 반면에 지나치게 원고를 의존해 읽는 듯한 연설로 청중과의 단절을 가져올 수 있으므로 따분하고 지루한 연설이 될 수 있는 단점이 있다.

(4) 정보전달 연설

정보전달 연설은 지식이나 정보를 청중에게 알리는 것으로 주로 객관적인 사실을 증명하는 것이 중심 목적이므로 주로 설명에 의존한다. 효과적인 설명을 위하여 그림, 통계, 인용 등의 방법을 적절하게 사용하는 것이 좋으며 경우에 따라서는 연사가 직접 시범을 보이기도 한다. 화제의 성격에 따라 중심 내용을 잘 짜야 하고 특정한 순서에 맞추어 내용을 구성함으로써 주제에 관련된 사항이 빠짐없이 전체적으로 고르게 다루어질 수 있도록 한다. 이러한 연설의 대표적인 방식은 특정한 분야에 관한 지식이나 정보를 청중에게 이해시키기 위한 설명 연설, 지식이나 정보를 효과적으로 전달하기 위해 연설 도중에 직접 시범(예를 들어 태권도 시범 등)을 보이는 시범 연설, 그리고 전달할 내용을 시각적 순서나, 공간적인 순서의 경우로 설명하는 묘사 연설 등이 있다. 정보전달 연설은 유일함이나 설정에 의해서 분류될 때, 정보전달적 간략보고, 기술적 보고, 강의, 질문-응답 강좌와 소개 연설을 포함한다. 정보전달 연설을 전개하기 위해서는 생각을 명확하게 하고, 새로운 것을 설명하기 위해 친숙한 것을 사용하고, 생생한 자료를 사용하며 너무 기술적인 것은 피하고 청자를 얕잡아 보지 말고 말해야 한다.

(5) 설득 연설

설득 연설은 청중에게 어떤 사실에 대하여 설명하고 그것을 납득시켜 연설자가 의도한 대로 신뢰하도록 하는 연설이다. 따라서 청중이 연사와 다른 견해를 가지고 있으면 청중이 그 견해를 바꾸도록 하고, 같은 견해를 가지고 있으면 청중이 자신의 견해를 확신할 수 있도록 하거나, 청중으로 하여금 어떤 행동을 하도록 유도하는 연설이다. 이는 자신의 주장을 합리적인 논거를 통해 청중의 지성과 감성에 호소하는 방법이다. 설득 연설을 효과적으로 하려면 청중이 호응할 수 있는 동기를 제공하고, 분명하고 확실하며, 적절한 몸짓, 청중에 눈 맞추기, 시각 자료의 활용 등으로 발표하는 것이 효과적이다. 설득적 연설에는 확신을 주기 위한 연설과 선동적인 연설이 있다. 전자는 연설자가 청중들에게 화자가 믿고 있는 것을 청중이 믿도록 설득하는 연설로, '원자력 공장의 방사선 물질의 노출은 전혀 위험하지 않다'와 같은 주제가 이에 속한다. 후자는 화자가 제안하는 행동을 하도록 청중을 설득하는 연설로 물건 구입이나 탄원서 서명, 파업 동참 여부, 제안된 계획 수용 등이 해당된다.

4) 연설의 자료

연설의 자료를 통해서 말하고자 하는 바를 분명하게 보여 주어야 하며 제시된 논의가 타당하다는 증거를 제시하여야 한다. 예증, 해설, 통계, 유추, 증언 등이 이에 포함된다.

(1) 예증

말하고자 하는 요점을 명확히 제시하는 것으로 세부적인 이야기를 통해 주제를 설명하는 것으로 가설적일 수도 있으며, 실제적일 수도 있다.

(2) 해설

청중에게 필요한 배경 정보를 제공해 제시된 논거를 이해할 수 있도록 도와주는 것으로 연설자가 구체적 용어를 정의하거나 역사적 정보를 주거나 주제와 화자 자신과의 관계나 발표 과정에 대해 해설하는 경우이다.

(3) 통계

통계는 수치를 제공하거나 비교하기 위해 사용되거나 수량을 설명하기 위해서도 사용된다. 통계를 사용하기 전에 '누가 제공하는가, 어떻게 알게 된 것인가, 놓친 것은 무엇인가, 누군가가 주제를 바꾸지는 않았는가, 그것이 상식적인가' 등 통계를 사용하는 것은 결론에 도달하는 데에 적절하게 도움이 된다.

(4) 유추

청중들이 개념을 쉽게 이해하도록, 복잡하거나 잘 알려지지 않은 것을 단순하고 친숙한 것으로 빗대어 하는 방법이다. 예를 들어 인생을 마라톤에 비유하여 설명하든지, 경제를 집짓기에 비유하여 설명하는 것이다. 연설자는 비교와 대비를 지나치게 확장하지 않도록 주의해야 한다.

(5) 논거

직접 인용을 하는 소견논거와 어떤 사실을 인용하는 사실논거가 있다. 이는 권위 있는 말을 통해 청중들이 신뢰할 수 있으며, 논의하고 있는 주제와 관계가 있는 논거의 정확성을 통해 청중에게 신뢰를 줄 수 있다.

5. 토의

1) 토의의 개념과 목적

참가자들이 어떤 특정 주제에 대해 공동으로 논의하기 위해 정보, 의견, 지식 등을 교환하는 것이다. 주어진 문제를 함께 논의해 나감으로써 참가자 전원이 문제 자체에 대한 보다 다양한 접근과 이해로써 그 문제에 대한 성격과 특성을 파악하며, 이 과정 속에서 문제의 심층적인 가치도 파악하게 된다. 결국, 토의는 집단 사고를 통하여 최선의 문제 해결의 목적을 둔다. 또한, 토의는 참가자들이 완전한 동의를 이루지 못한 경우라도 문제점에 대한 접근과 그 해결안에 대해 공동으로 모색한다는 점에 의의가 있다.

2) 토의의 특성

토의는 일방적인 전달의 연설과도 다르며, 어떤 문제나 제안에 대하여 서로 대립되는 의견을 가진 사람들이 상대편의 논거가 부당함을 지적하고 자기의 주장이 정당함을 밝히는 일종의 경쟁적인 토론과도 다르기 때문에 참가자는 토의 주제에 대하여 관심과 흥미를 가지고 적극적으로 참여해야 한다. 특히, 토의는 공동의 의견을 추출하는 것이므로 혼자 발언권을 독점하거나, 남의 이야기를 중간에 가로채서는 안 된다. 이러한 토의를 통해서 어떤 문제를 공동적으로 해결해 나갈 수 있는 협동심을 길러줌으로써 민주시민의 태도와 능력을 함양시킨다.

3) 토의의 유형

토의는 목적과 참가자의 수에 따라 크게 심포지엄, 패널, 포럼 등으로 나눌 수 있다.

(1) 심포지엄

심포지엄은 특정한 주제를 놓고 각기 다른 방면의 전문가 3~5명이 각자 자기 의견을 발표한다. 즉, 그 주제에 대한 전문가와 권위자가 일정한 시간(15분 정도) 동안 여러 각도의 의견을 발표하는 것이므로, 청중은 한 주제에 대해 다양한 의견을 청취할 수 있으므로 그 문제에 대해 폭넓은 지식을 얻을 수 있으며 의문 사항이나 보충적인 의견을 듣고 싶으면 질문할 수도 있으나 청중의 질문은 되도록 짧아야 한다. 심포지엄은 하나의 문제점을 각 분야의 전문가가 검토하는 것이므로, 사회자는 먼저 일반 참여자에게 연사 한 사람 한 사람을 소개해서 전문가이며 권위자임을 알려준다. 또한, 사회자는 요점을 간략하게 정리하고 끝을 맺는다.

(2) 패널 토의

특정의 문제를 해결하려는 목적으로 4, 5명의 사람이 뽑혀 청중 앞에서 각각의 지식, 견해, 정보를 발표하고 여러 가지 의견을 제시해 협력적으로 생각하는 공동토의라고 할 수 있다. 사회자는 토의 진행 중에 각 배심원에게 고르게 발언 기회를 주고, 필요에 따라 발언 내용을 요약하거나 해석을 붙이며, 문제를 분명히 드러내기 위하여 질문 또는 해설을 하되, 자신의 의견을 내세워서는 안 된다. 배심원은 주제에 대해 자신의 의견을 명확하게 전달해야 하며, 청중이 질문을 하면 가급적 간결하고 명확하게 답변한다. 패널토의의 주제는 찬반으로 갈려지는 것보다는 다방면의 문제 해결 접근이 용이한 것이어야 한다.

(3) 포럼

포럼은 공공의 문제에 대하여 공개 토의하는 것으로 패널에서는 배심원들의 토의가 끝난 후에 청중들의 질의 응답이 뒤따르고, 심포지엄에서는 연사들의 주제 발표가 끝난 후에 청중들의 질의 응답이 있는 데 비하여, 포럼은 처음부터 청중의 참여로 이루어진다. 즉, 연설자가 간단한 주제 발표를 한 다음에 청중이 토의에 참가하여 자신의 의견을 말하거나 질문하는 공개적 토의로 연사와 청중이 서로 대담 형식으로 질의와 응답을 주고 받는 방식의 토의이다. 청중이 질문할 때에는 일정한 격식에 구애받지 않으나, 질문이 긴 연설이 되지 않도록 해야 하며, 요점이 분명히 드러나야 하고, 한 사람이 질문을 독점하지 않도록 한다.

(4) 기타 토의

圓卓 토의(round table discussion)는 원탁에 둘러 앉아서 자유롭게 토의하는 것으로 10명 정도가 적당하며, 상하 구별이 없이 자유롭게

토의할 수 있다. 이는 국제 회의에서 앉는 자리의 차례 다툼을 막기 위하여 취하는 형식이다. 자유 토의는 한 문제에 대하여 3명 이상이 형식에 구애됨이 없이 토의하며, 좌담회는 몇 사람이 모여 앉아 한 가지 문제를 가지고 각각의 의견을 말하는 형식으로, 결론을 내지 않아도 좋다. 세미나는 어떤 학술적 주제에 대해 전문가와 참여자들이 서로 자유롭게 의견을 나누는 토의를 말한다.

6. 토론

1) 토론의 개념과 목적

토론은 어떤 제안이나 의견에 대해서 찬성자와 반대자가 각기 논거를 발표하고, 상대쪽의 논거가 부당하다는 것을 명백히 밝히는 화법으로, 화자의 주장을 분명히 하고 그 주장에 청중이 동조하도록 설득함에 목적을 둔다.

2) 토론의 특성

양자의 사상이나 입장에 차이가 있다. 어떤 특정 문제에 대한 해결안이 미리 정해져 있어서 서로 대립되는 관계에 있다. 따라서 자기 주장의 정당성을 상대에게 알리고, 반면에 상대방의 주장이 잘못되었음을 입증하는 것으로, 모든 정보자들의 정보나 의견 교환을 통해 상호 협조적으로 이끌어가는 토의와는 상반적이다.

3) 토론의 요건

토론은 논리에 의하여 상대를 설득하려는 것이므로 근본적으로 토론의 내용은 사실과 그 해석에 토대를 갖는 것으로 이에 대한 해석이 타당해야 한다. 그리고 인과 관계를 밝혀야 하며 결과를 연역하여 전문가의 의견과 특수한 사례에 적용시켜야 한다.

4) 토론의 주요 규칙과 요소

토론은 의견을 달리하는 양측이 서로의 주장을 통해 상대방을 설득하는 것으로 일정한 형식과 그 절차를 통해 행해지는 경쟁적 의사결정 방법이다. 토론에 공통되는 규칙은 찬성과 반대의 2개 팀으로 구성되고, 참가 인원수가 동일해야 하며, 양측에서 사용할 수 있는 시간이 균등해야 한다. 요즘 텔레비전에서 행해지고 있는 시사토론 등과 같은 프로그램은 진행 과정에 시청자들의 찬반론을 집계하고 있어 토론이 끝나면 바로 그 통계 결과가 나오기 때문에 토론을 더욱 흥미 있게 한다.

토론의 주요 요소로는 우선, 논제가 있어야 한다. 토론의 논제는 찬반론이 성립되는 것이어야 하며, 하나의 과제를 선택해야 하고, 객관적이고도 구체적이어야 하며, 자기 주장을 증명할 수 있는 것이어야 한다. 다음으로 사회자가 필요하다. 사회자는 그 논제에 전문가이지 않아도 되며, 토론에 적극적으로 참여하려는 사람이면 된다. 또한 특정 의견이나 사상에 공감하는 인상을 주어서는 안 되며, 포용력이 있어 토론을 원만하게 진행할 수 있어야 한다. 다음으로 토론에서 논제에 대한 찬반론을 발표할 참여자가 필요하다. 토론 참여자는 상대편 논거의 모순을 지적하고, 반면에 자기 논거의 정당성을 제시하는 논리적 설득력이 필요하므로 논제와 관련된 충분한 자료를 수집하고, 이를 효과적으로 활용해야 한다.

7. 회의

'會'는 合致를 의미하고, '議'는 마음에 새긴 것을 말로써 표현한다는 뜻으로 함께 서로 토의한다는 의미를 갖는다. 이에 회의의 특징은 우선, 당면한 문제를 해결하기 위하여 두 사람 이상이 모여서 협의하는 것으로, 일반적으로 여러 사람이 모여서 상정한 안건을 협의해야 하므로 일정한 규칙에 의해 진행한다. 그리고 회의 진행 과정과 협의 의결한 내용을 회의록에 기록하며, 참여자의 구성과 회의의 성격에 따라 가족회의, 임원회의, 발기회의, 추진회의, 연구회의 등으로 세분화할 수 있다.

Ⅱ. 의사소통의 상황에 따른 화법

1. 화법과 예절

1) 언어 예절

(1) 화법은 음성언어를 媒體로 하므로, 言語禮節에 대한 각별한 주의를 기울여야 한다.
(2) 언어는 사회적 약속이며 관습이므로 이를 위반하면 원활한 의사소통을 기대할 수 없다.
(3) 교통 질서를 무시하면 길이 막히고 사고가 발생하여 혼란을 겪게 되듯이, 언어 생활에서 규범을 지키지 않으면 의사소통에 장애를 일으키게 된다.
(4) 언어예절을 지켜서 말하고 들을 때에 의사소통이 원활해진다.
(5) 친절한 말, 정중한 말, 예절을 지키는 말은 청중으로부터 늘 커다란 호응을 불러 일으킨다.

2) 높임법

(1) 국어 높임법의 숙달도 중요한 화법기술의 하나다. 우리 민족은 전통적으로 예절을 숭상하기 때문에 이를 표현하는 높임법이 크게 발달하였다.
(2) 사회 階層, 地位, 年齡, 性 등에 따라 말하고 듣는 태도와 방법에 엄격한 규범이 있다.
(3) 예전에는 이 규범을 잘 지켰으나, 오늘날에는 가치관의 변화에 따라 언어예절도 많이 변했고, 그것을 번거롭고 까다로운 형식적 절차에 불과하다고 대수롭지 않게 여기는 사람도 있다.
(4) 그러나 높임법은 우리말의 중요한 특성이며, 우리가 잘 갈고 다듬어야 할 소중한 재산이다.
(5) 우리 시대에 맞는 언어 예절과 높임법의 규범을 확립하여 올바르게 익히고 사용하는 것이 화법의 한 임무이기도 하다.

〈참고〉 높임과 낮춤
(1) 높임법

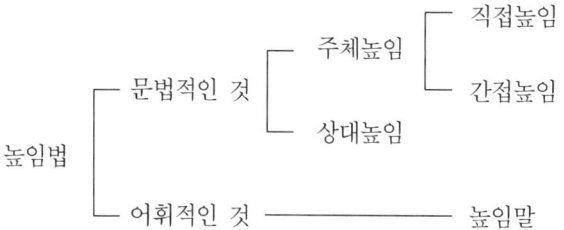

(2) 主體높임법 : 문장의 주체를 높이거나 낮추는 대우법
  ① 주체높임의 대상 : 주체(문장의 주어), 청자, 제삼자.
  ② 주체높임법 표시의 형태 : [용언어기 + 선어말어미(-시-) + 어미]

③ 주체높임법의 제약 : 나이, 사회적 지위, 친분관계, 높임의 대상과 말하는 이 자신과의 개별적인 관계에 따른 제약
④ 주체높임법에 직접 관여하는 요소 : 문장의 주어, 말듣는 이(聽者), 말하는 이(話者)

(3) 주체 높임법의 특징
① 높임의 주체는 2인칭 또는 3인칭(말하는 이가 문장의 주어일 때는 높임의 대상이 되지 않음)
'어머니, 선생님께서 오십니다'(3인칭인 '선생님'을 높임)
'선생님, 선생님께서도 그 이야기를 좋아하시는군요'(2인칭인 '선생님'을 높임)
② 주체가 말하는 이(話者)보다 높더라도 말듣는 이(聽者)가 주체보다 더 높으면 '-시-'가 쓰이지 않음.
'할아버지, 아버지가 지금 왔습니다'
③ 주체를 간접적으로 높일 때도 '-시-'가 쓰임. 이것을 간접높임이라 함.
'그분은 아직도 귀가 밝으시다'
'그분은 살림이 넉넉하신 편이다'
'선생님은 감기가 드셨다'
④ 높임의 대상이 되는 인물을 말하는 이(話者) 자신과 개별적인 관계로 파악하여 '-시-'를 사용하기도 한다.
'충무공은 뛰어난 전략가이다'(객관적 서술)
'충무공은 뛰어난 전략가이시다'(객관적, 주관적 관계에서 서술)
⑤ 말듣는 이(청자)와의 관계에 따라 '-시-'가 쓰이기도 하고 쓰이지 않기도 함. 예를 들면, 스승이 제자의 아들에게 말할 때,
'너의 아버지 돌아오셨니?'(주체가 화자보다 높다고 생각될 때)
'너의 아버지 돌아왔니?'(주체가 화자보다 낮다고 생각될 때)

(4) 相對높임법

말듣는 이(청자)를 높이거나 낮추는 待遇法

(5) 恭遜法

말하는 이(화자)가 특별히 공손한 뜻을 나타냄으로써 말듣는 이(청자)를 높이는 방법.

공손표시의 형태 : 선어말어미 '-오-, -옵-; -삽-, -사옵-, -사오-; -잡-, -자오-, -자옵-' 등이다.

'변변치 못한 물건이오나 정으로 보내드리오니 받아 주시옵소서'

(6) 높임말과 낮춤말

우리말에는 특수한 어휘를 사용함으로써 남을 높이거나 자기를 낮추어서 상대방을 높이는 방법이 있다. 이때 사용되는 어휘들을 '높임말'과 '낮춤말'이라 한다.

'말씀'은 간접 높임말일 때와 간접 낮춤말일 때와 같이 두 가지로 쓰임.

'선생님의 말씀을 잘 들었습니다'(간접 높임말)

'제가 직접 말씀드리지요'   (간접 낮춤말)

(7) 바른 말 고운 말

① 모든 화법에서 바른 말 고운 말을 쓰는 것도 언어예절을 갈고 다듬는 일이다.

② 바르고 고운 말을 쓰는 화자는 품위 있는 사람으로 대접받고, 거칠고 성스러운 말을 화자는 沒常識한 사람으로 置簿된다.

③ 그러므로 의사소통을 원활히 하려면 모든 화법에서 바르고 고운 말을 쓰도록 노력해야 한다.

2. 소개

우리는 일상 생활 중에 남을 소개해야 할 경우를 종종 경험하게 된다. 소개 인사말을 할 때에는 정중한 어법으로 해야 하며, 상대방의 성격에 맞는 내용도 포함하는 것이 좋다. 남을 소개하는 방법은 때와 장소를 따라 일정하지 않으나 일반적으로 다음과 같다. 座中에 정중히 모셔야 할 어른이 있을 때에는 그 분부터 소개하고, 親疎 관계로 보아 자기와 가까운 사람부터 먼저 소개한다. 자기의 친구를 부모에게 소개하는 경우에는 친구를 부모에게 먼저 소개한다. 군대, 회사 등과 같이 지위가 분명한 조직에서는 아랫사람을 윗사람에게 먼저 소개한다. 남성과 여성을 소개할 때에는 남성을 여성에게 먼저 소개하되, 남성이 사회적인 名望이 있거나, 나이가 많은 경우에는 여성을 먼저 소개한다.

그리고 자기 자신을 소개할 때에는 "처음 뵙겠습니다(또는 인사드리겠습니다). 저는 김길수입니다."와 같은 표현이 좋다. 그리고 자기의 姓이나 본관을 말할 때에는 '○ 가(哥)', '○○ ○ 가(哥)'로 하고, 남의 성을 말할 때에는 '○ 씨(氏)', '○○ ○ 씨(氏)'로 한다.

3. 축하

우리는 살아가면서 좋은 일이 있으면 함께 축하해주고 기뻐해주는 일이 필요하다. 결혼, 생일, 출산 등과 같은 집안일에서부터, 입학, 졸업 등과 같은 학업에 대한 일, 취직, 승진, 榮轉 등과 같은 직장에 관한 일, 그리고 신축, 개업 등과 같은 사업에 대한 일 등 축하해야 할 일들이 많이 있다. 모든 축하 인사를 할 때에는 듣는 이가 감사하는 마음을 느낄 수 있도록 말하는 이의 진실한 마음이 담겨 있어야 한다.

가급적 간단하고 정중한 축하말을 하는 것이 좋다. 결혼 축하 인사의 경우, 당사자에게는 "결혼(혼인)을 축하합니다.", 부모에게는 "축하합니다. 얼마나 기쁘십니까?"로 인사하는 것이 좋다. 생일 축하의 경우, 자기보다 아랫사람이거나, 친구일 때에는 "생일 축하한다.", 자기보다 윗사람의 생일인 경우에는 "生辰을 축하합니다. 더욱 건강하십시오."라고 한다. 그리고 출산을 축하하는 인사로는 "순산하셨다니 반갑습니다."라고 한다. 입학, 졸업, 취직 인사로는, "입학(졸업)을 축하합니다.", "따님이 대학에 합격하였다니 얼마나 기쁘십니까.", "아드님이 취직했다니, 축하합니다." 등이 있다. 개업을 축하할 때에는 "개업을 축하합니다. 더욱 번창하시기 바랍니다."라고 한다.

정년 퇴임의 경우, 축하해야 하는지, 위로해야 하는지 잘 구분이 안 되는 것으로 생각할 수 있지만, 그 동안 별 어려움 없이 건강하게 법정 기간을 잘 마치고 떠나게 됨으로 축하하는 인사가 적당하다. 따라서 "축하합니다. 그 동안 많이 애쓰셨습니다.", "축하합니다. 벌써 정년이시라니 아쉽습니다." 라고 한다.

4. 문병

육신이 연약하면 만사가 귀찮고 짜증이 나며 신경도 날카로워지기 때문에 사려깊은 인사말이 필요하다. 그러므로 친한 사이라 해도 아픈 사람과 함부로 농담하거나, 환자에게 해가 되는 말은 하지 않아야 한다. 특히, 옷차림새도 너무 화려해서는 안 되고, 화장을 지나치게 하는 것도 삼가는 것이 좋다. 그리고 아주 중병인 경우에도 부정적인 말은 절대 금물이며, 소망과 용기를 줄 수 있는 말을 해야 한다. 환자에게는 "좀 어떠십니까?", "불행 중 다행입니다."라고 인사하며, 보호자에게는 "좀 어떻습니까?", "얼마나 고생이 되십니까?"라고 인사한다. 병실을 나올 때에는 "속히 나으시기 바랍니다. 조리 잘 하십시오."라고 인사한다.

5. 문상

기쁜 일보다는 슬픈 일을 당할 때 찾아가서 위로하는 것이 우리 나라의 예의로 내려오고 있다. 특히 초상집에 가서 유족에게 슬픈 뜻을 표하여 위로하는 문상인사는 매우 중요한 위로가 된다. 문상을 위해 영안실에 들어서면, 먼저 故人의 영전이나 사진 앞에 焚香하고 再拜한 다음, 喪主에게 한 번 절하고 일어났다가 다시 앉으면서 인사를 한다. "무어라 위로의 말씀을 드려야 할지 모르겠습니다.", "얼마나 슬프십니까?"라고 한다. 격식을 갖추어야 할 문상에는 "삼가 조의를 표합니다."라고 하며, 부모상의 경우에는 "얼마나 罔極하십니까?"라고 하고, 배우자를 잃은 사람에게는 "얼마나 섭섭하시겠습니까?", 자녀 상을 당한 사람에게는 "얼마나 마음이 아프시겠습니까?, 얼마나 상심이 되시겠습니까?"라고 한다. 이 때, 상주는 "고맙습니다.", "드릴 말씀이 없습니다."라고 대답한다. 상가에서는 가급적 말을 적게 하는 것이 예의이며, 필요한 경우, "발인은 언제입니까?, 장지는 어디로 정하셨습니까?, 춘추는 얼마나 되셨습니까?" 정도의 말이 필요하다.

6. 조언

상대방의 어떤 일에 조언을 할 경우, 자칫하면 오해를 살 수도 있으므로 조심스럽게 해야 한다. 단순히 문제해결을 위한 조언은 괜찮지만 잘못을 이야기하고 조언할 경우에는 상대편의 생각이 틀렸다는 것을 잘 설명하고 납득시켜야 한다. 그러나 처음부터 잘못을 지적하기보다는 상대편 생각의 장점을 칭찬하면서 잘못을 일깨우는 것이 효과적이다. 그리고 가급적 조언을 할 경우에는 당사자와 단둘이서 하는 것이 좋으며, 자연스런 분위기를 조성하고 친절한 태도로 말한다. 가급적이면 구체적인 방법을 제시하여 상대편이 긍정적으로 받아들이도록 하는 것이 중요하다. 무엇보다 상대방을 위한 조언이기 때문에 상대편이 마음을 상하지 않도록 세심한 배려가 필요하다.

7. 만남과 헤어짐

아침에 잠자리에서 일어나면서부터 집안의 가족과의 만남으로 시작하여 거리에서, 학교에서, 직장에서 등 많은 사람을 만난다. 우선, 집안에서 웃어른께는 "안녕히 주무셨습니까?", "평안히 주무셨습니까?"라고 인사한다. 윗사람이 아랫사람에게는 "잘 잤니?", "별 일 없었니?"라고 인사한다. 거리에서 아는 사람을 만났을 때는 웃어른께는 "안녕하십니까?"가 가장 일반적인 인사다. 때에 따라서 "어디 가십니까?"라고 인사할 수 있는데, 이는 남의 사생활 참견이라는 부정적인 시각도 있지만, 친교적 상황기능으로 인사하는 것이기 때문에 별 문제가 없다. 그리고 동등한 관계이거나 아랫 사람인 경우에는 "날씨가 좋아요", "평안하지요?"라고 인사한다. 학교인 경우에는 선생님이나 친구들이 주로 만남의 대상이므로 선생님께는 "안녕하십니까?"로, 친구들에게는 "안녕?", "좋은 아침" 정도가 가장 일반적인 인사말이다.

헤어질 때에는 아랫사람은 윗사람에게 "안녕히 계십시오."라고 인사한다. 많은 사람들이 "수고하세요"라고 하는데, 이는 좋은 표현이 아니다. '수고(受苦)'는 한자말 그대로 '어려움을 받는다'는 의미이므로 별로 좋은 말이 못 된다. 오히려 '고맙습니다'가 듣기에도 훨씬 더 좋은 표현이다. 그리고 가정에서 출근이나 학교에 갈 경우, "다녀오겠습니다.", "다녀올게"가 무난한 표현이다. 일부 "학교에 갈게요.", "여보, 갈게"하는 표현을 사용하는데, 이는 별로 좋은 표현이 아니다. 왜냐하면 가정은 나갔다가 다시 돌아오는 따뜻한 행복의 보금자리이기 때문에 나가는 것으로 끝나는 것이 아니라, 일을 보고 돌아오는 것이기 때문이다.

8. 전화

　전화는 상대방의 모습을 보지 않고 음성언어로만 하는 것이므로 언어예절이 매우 중요하며, 특히 아는 사람보다는 모르는 사람과의 예의가 더욱 중요할 수도 있다. 전화를 거는 사람은 상대편의 전화 번호와 이름을 확인하고 전화를 걸어야 하며, 상대편이 나오면 확인하고 자기의 이름을 밝힌다. 말할 때에는 직접 보면서 하는 대화가 아니므로 분명하고 정확한 발음으로 하는 것이 좋다. 그리고 전화에서 무엇보다 중요한 것은 너무 오래 끌지 않는다. 3분 정도가 가장 일반적이며, 길어도 5분을 넘기지 않아야 한다. 요즘 신세대들은 전철안이나 버스 안 등 공공장소에서 수 십 분씩 휴대 전화하는 모습을 자주 볼 수 있다. 옆 사람이나 주위 사람들을 고려하지 않는 태도이므로 유의해야 한다. 그리고 너무 작은 소리로 하거나 우물우물하는 것도 고쳐야 하지만, 지나치게 큰 소리로 전화를 걸거나 받는 경우도 고쳐야 한다. 가급적 공공장소에서는 휴대폰을 꺼두는 것이 좋고, 부득이 받을 경우에는 한 손으로 입을 가리고 작은 소리로 받아야 한다.
　전화를 받는 쪽에서는, 전화벨이 울리면 곧 수화기를 들고 명랑한 음성으로 "○○○입니다."하고 자기를 밝혀야 한다. 그리고 전화를 건 쪽에서는 용건이 있게 마련이므로 상대편의 이야기를 정확히 듣고 분명한 대답을 해야 한다. 전화를 끊을 때에는, 끊기에 앞서 반드시 "안녕히 계세요." 또는 "이만 끊겠습니다."로 분명하게 말하는 것이 상대편에 대한 예의다. 혹 잘못 걸려온 전화일 경우라도 상대방에게 기분 나쁜 듯한 목소리로 "잘못 걸었어요"라고 퉁명스럽게 말하는 것보다는 부드러운 목소리로 친절하게 안내하는 것이 좋다. 또한, 數字나 사람의 이름, 地名 등을 말할 때에는 반드시 상대편이 메모할 수 있도록 하고 확인하도록 한다.

9. 전자편지

　21세기에 들어 급격히 증가하는 것이 전자문자의 주고 받음이다. 어린 아이들이나, 학생들은 말할 것도 없고, 인터넷 세대들은 거의 대부분이 전자우편을 이용한다. 바쁘기 때문에 전자우편이 활성화되었겠지만, 편지 형식은 지켜야 한다. 서두와 본문 그리고 결말의 형식을 가져야 하는데, 서두는 호칭, 계절 인사, 문안 인사, 자기 안부로 이루어진다. 호칭은 대체로 '○○께(에게)' 식으로 맨 앞에 왼쪽에 치우쳐 쓴다. 그리고 편지를 쓴 목적이 본문에 분명하게 제시되어야 하며, 결말로 작별 인사와 날짜를 쓰고, '○○○ 올림(드림)', '○○○ 씀'처럼 이름을 오른쪽에 치우쳐 쓴다. 아주 절친한 사이면 성을 생략하고 이름만 쓸 수 있다. 특히, 유의할 것은 은어와 속어 등 요즘 유행하는 인터넷 용어는 사용하지 말아야 한다. 이 역시 모르는 사람과의 문자 교환이 이루어지는 경우가 많으므로 특히 언어예절을 지켜야 하며, 가급적 본명을 사용해야 한다.

제 7 장

작문의 실제

1. 보고문 쓰기

1) 보고문의 성격

보고문은 설명 능력을 바탕으로 하면서 독자성을 갖는 것으로 조사한 것, 실험한 것, 채집한 것, 관찰한 것, 연구한 것 등을 상대방에게 자세하게 구두나 서면으로 알리는 글이다. 이러한 보고문은 일상 생활에서 많이 활용되고 있다. 자기 회사 상품이 어떤 반응을 보이고 있는지 조사하여 보고하거나 시장이나 백화점의 식품을 조사하여 보고하는 일, 소풍이나 현장학습을 위해 사전에 답사하고 그 결과를 보고문을 작성하는 일을 그 예로 들 수 있다.

2) 보고문 작성시 유의 사항

우선 무엇을 보고할 것이지 한정된 주제를 설정해야 한다. 다음으로 3단 구성에 맞추어 개요를 작성하는 것이 좋다. 보고할 내용을 간추려 중요한 것 위주로 정리해야 한다. 그리고 앞선 보고서를 수집하여 참고함으로써 새로운 방향을 모색할 수 있다. 또한 보고할 기일을 넘기지 않도록 계획을 잘 세워 시간에 쫓겨 중요한 내용을 빠뜨리지 않도록 해야 할 것이다.

3) 보고문 작성 요령

먼저 보고문을 쓰기 위한 조사 연구 절차를 세운다. 즉 계획을 수립하고, 자료를 수집하여 그것을 해석하고, 보고서를 작성한다. 보고서를 작성할 때 우선 무엇을 조사할 것인지 주제를 정하고 그에 대한 개요를 작성한다. 또한 이미 이루어진 다른 사람의 보고문을 참조하는 것도 좋으며 필요에 따라 관련된 도표와 그림, 사진 등을 첨부한다.

■■ 보고문 겉표지 양식 ■■

과 목 명 : 화법교육론
담당교수 : 박덕유

핸드폰 사용

제출일 : 2003년 9월 25일
학　과 : 국어교육과 2학년
학　번 : 20021009
성　명 : 박 옥 희

보고문의 예(개요 제시)

가주제 : 핸드폰
참주제 : 핸드폰의 폐해와 해결방안
주제문 : 핸드폰 폐해를 인식하고 올바른 핸드폰 사용문화를 정립하자.

1. 도입
  (1) 핸드폰 사용의 실태
  (2) 문제 제기
2. 전개
  (1) 물질적 폐해
    ① 무분별한 사용에 따른 과도한 요금
    ② 무분별한 단말기 보급에 따른 국가적 자원 낭비
    ③ 전자파에 노출된 현대인
  (2) 정신적 폐해
    ① 사생활 침해
      ㉠ 위치 추적
      ㉡ 카메라폰 악용
    ② 소음 공해
    ③ 핸드폰 중독증
      ㉠ 미소지시 심리적 불안
      ㉡ 신형모델에 대한 집착
  (3) 해결 방안
    ① 제도적 해결 방안
      ㉠ 요금제도 개선
      ㉡ 사생활 침해 예방을 위한 법적 조치 강화
      ㉢ 공공장소 사용제한 규정 강화
    ② 개인적 해결방안
      ㉠ 공공장소에서의 사용 자제
      ㉡ 불필요한 사용 자제
3. 종결부
  (1) 정리
  (2) 의식 전환

2. 기사문 쓰기

1) 기사문의 성격

기사문은 신문에 게재된 글을 말한다. 신문에 실리는 기사문에는 사설 기사, 논설 기사, 탐방 기사, 대담 기사 등이 포함된다. 그러나 일반적으로 기사문이라 하면 주로 보도 기사만을 뜻한다. 이런 기사문은 새로운 사실을 정확하고 신속하게 독자들에게 알리는 데 있다.

2) 기사문의 요건

우선 독자에게 빠르게 전달할 수 있도록 신속성이 있어야 하며, 전달하려는 내용이 객관적이며 잘못되지 않도록 정확성이 있어야 한다. 그리고 독자들에게 이해를 쉽게 전달해야 하는 용이성이 있어야 한다.

3) 기사문 작성 요령

기사문을 작성하려면 六何原則의 일정한 틀에 맞추어 작성해야 한다. 즉, 누가, 언제, 어디서, 무엇을, 왜, 어떻게 등 6가지 요소에 맞추어 기사를 써야 한다. 그리고 기사문은 표제가 중요하다. 표제만 보더라도 오늘의 기사가 무엇인지를 알 수 있기 때문이다. 기사문 형식은 표제, 부표제, 전문, 본문의 순서로 이루어져야 한다. 그리고 다른 일반적인 글과는 달리 역형식을 지닌다. 즉, 중요한 내용부터 서술해 나가는 것으로 이는 독자가 앞부분만 읽어도 대강 어떤 내용인지를 알 수 있다.

■ 기사문의 예 ■

한국에 온 해외유학생 복음사역자로 세운다
- 한국해외유학생회 창립 -

  우리나라로 유학 온 해외유학생들을 대상으로 선교활동이 활발히 추진되고 있어 해외선교 전략의 새로운 계기가 되고 있다. 박덕유(인하대) 교수는 중국, 몽골, 러시아, 일본, 대만, 방글라데시, 베트남, 인도네시아, 말레이시아, 네팔 등 아시아에서 온 유학생 등을 복음화하여 엘리트 선교의 비전을 갖고 있다. 이들 유학생들은 대부분 장학생으로 공부하고 있는 우수 학생들로 이들이 공부를 마치고 귀국할 경우, 자국 내에 지도자급으로 하나님의 사역에 큰 영향력을 끼칠 수 있는 가능성을 지니고 있기에 이들에 대한 선교 투자는 매우 의미 있다고 주장한다. 지금까지 해외선교는 대부분 선교사 파송식으로 이루어져 왔지만, 많은 재정과 선교사의 파송에 따른 선교 결과의 효율성을 이제는 따져 보아야 한다는 것이다. 아주 조금만 이들에게 관심을 기울인다면, 그 효율성은 엄청난 파급 효과를 갖는다.
  이에 한국해외유학생회를 조직하여 이들을 대상으로 하나님 말씀을 전하고, 그들이 주님을 영접하고 그리스도를 전하는 일꾼으로 세우기 위해, 한국어를 가르치고 한국문화를 이해시키기 위해 문화탐방과 체험, 그리고 친목을 도모하기 위한 체육대회 등 다양한 프로그램을 준비하여 시행하고 있다.
  한국해외유학생회(KOS)는 이를 효율적으로 추진하기 위해 KOS 후원회를 조직하고 최종적으로 선교교육센터를 갖추어 이들이 귀국해도 그들의 활동을 지원하고 신앙의 전진기지화가 되도록 연계사업을 지속적으로 추진하며, 특히 선교교육센터와 파트너쉽 교류, 섬김과 나눔의 정신으로 사회봉사활동에 참여토록 권면하고 있다.

3. 서간문 쓰기

1) 서간문의 성격

사회생활을 하는 데 필요한 글 중 하나가 편지글이다. 오늘날 통신 수단의 발달로 인해 전화나 컴퓨터가 편지글 대신 자리를 잡고 있어 자필로 편지를 쓰는 일을 귀찮아 하거나 소홀히 여기는 경우가 많다. 그러나 편지글은 인간 관계를 드러내는 진솔한 내용으로 진한 감동까지 느끼게 하므로 편지 쓰는 일을 생활화하도록 해야 할 것이다. 이러한 서간문에는 문안 편지, 축하 편지, 초청 편지, 위문 편지, 안내 편지 등 다양한 종류가 있다.

2) 서간문의 요건

서간문은 보내는 사람과 받는 사람 사이에 1대 1의 관계를 갖는 것으로 상대방을 마주 대하듯이 자연스럽게 써야 한다. 편지 쓰기가 쉬운 것 같지만 그렇게 간단하게 생각할 것만은 아니다. 머릿속에 무엇을 쓸 것인가가 생각나 필을 들지만 쉽게 쓰여지지 않는다. 이는 너무 잘 쓰려고 긴장하기 때문이다. 따라서 상대방에게 대화하듯이 부담감을 갖지 말고 자연스럽게 써 나가야 한다. 그리고 쓰고 싶은 내용을 진실되게 써야 하며 편지를 위선으로 써서는 안 된다. 또한, 평소 면전에서 하지 못했던 말들을 편지를 통해서 전달할 수도 있으며 편지를 쓸 때에는 받는 사람의 성별이나 연령, 신분, 직업 등을 고려해 예의있게 써야 한다. 편지는 상대방을 볼 수 없는 일방적인 문자 전달의 글이므로 더욱 신중을 기해야 한다. 또한 편지글은 어렵게 써서는 안 된다. 자신이 유식하다는 것을 드러내기 위해서 어려운 한자어를 남용한다든지 서구어를 함부로 쓰는 일은 삼가야 할 것이다. 그리고 용건을 분명하게 전달해야 한다. 자신의 용건을 전달하는 것은 편지의 중요한 목적이므로 애매모호하게 표현해서는 안 된다. 마지막으로 편지의 글은 성의있게 써야 한다. 쓰기 싫어서 억지로 쓴 편지인 것처럼 보내면 받는 사람이 몹시 기분이 나쁘기 때문에 차라리 보내지 않는 것이 낫다. 더욱이 자기의 친필로 정성들여 보낸 편지는 받는 사람으로 하여금 흐뭇함과 아울러 진한 감동을 줄 수도 있다.

3) 서간문의 형식

서간문은 크게 서두와 본문 그리고 결말의 형식을 갖는다. 서두는 다시 호칭, 계절 인사, 문안 인사, 자기 안부로 이루어진다. 호칭은 대체로 '○○께(에게), ○○ 보아라' 식으로 맨 앞에 왼쪽에 치우쳐 쓴다. 계절 인사는 '날씨가 많이 따뜻해졌습니다.', '지금 밖에는 봄기운이 완연합니다.' 등 계절에 관련된 인사를 한다. 그리고 받는 사람의 안부를 물어야 한다. '그 동안 평안하셨는지요?', '요즘 건강은 어떠하신지요?', '그간 가족 모두 잘 지내리라 믿습니다.' 등 받는 사람과 그 가족에 대해 안부를 묻는다. 이렇게 문안 인사를 하고 나면, '저는 잘 지내고 있습니다.', '염려해 주시는 덕에 별고 없이 잘 지내고 있습니다.' 처럼 자신의 안부를 전한다.

서두를 마치고 나면 본문을 써야 한다. 본문은 가장 중요한 부분으로 가장 중심적이며 분량도 가장 많이 차지한다. 편지를 쓰는 용건이 들어 있어야 하므로 분명하게 써야 한다. 본문을 쓸 때에는 중요한 내용부터 쓰는 것이 좋다. 복잡한 내용일지라도 상대방이 잘 이해할 수 있도록 쉽고 구체적으로 써야 한다. 가급적 빠뜨리는 내용이 없도록 꼼꼼하게 써야 한다.

결말은 작별 인사, 날짜, 이름을 써야 한다. 작별 인사는 '이만 맺겠습니다.' '다음에 다시 쓰겠습니다.' '내내 건강하시고 안녕히 계십시오.' 등 정중하게 예의를 갖추어 맺는 것이 좋다. 편지를 다 쓰면 반드시 쓴 날짜를 적어야 한다. 날짜는 대개 '2003년 4월 27일'처럼 연, 월, 일을 기입하면 된다. 때에 따라서는 '제주도에서 새벽 2시에'처럼 장소와 시간을 밝힐 수도 있다. 마지막으로 편지를 쓴 자기의 이름을 하단 오른쪽에 쓴다. 대개 '○○○ 올림(드림)', '○○○ 씀'처럼 쓰고, 아주 절친한 사이면 성을 생략하고 이름만 쓸 수 있다.

■■■ 서간문의 예 ■■■

사랑하는 혜인이에게

  비 오고 난 뒤의 햇살이 눈부시게 화려하고, 라일락꽃 향내음이 온 누리에 가득 찬 싱그러운 4월 말, 혜인이의 생일을 진심으로 축하한다. 언제나 밝고 환하게 웃음짓는 우리집 귀염둥이 혜인이가 있으므로 아빠는 너무나도 행복하단다.
  그러나 무엇보다도 중요한 것은 하나님의 사람으로 교회와 가정에서는 물론, 만인에게 그리스도의 향기를 전하는 일이지. 우리 혜인이는 하나님의 사랑을 늘 기억하고 실천하는 아름다운 삶을 살기를 기도드린단다.
  혜인아,
  또한, 매사에 최선을 다하는 삶이 중요하단다. 하나님의 사람은 자기 일에도 아주 열심을 내는 것이지. 그래야 하나님께서 기뻐하신단다. 아빠가 매일 기도하는 것처럼 노벨 수상자가 되기 위해서는 배우고 연구하는 일에 아주 노력을 많이 기울여야 한단다.
  하나님께 영광을 드리고, 엄마와 아빠께도 기쁨을 줄 수 있는 혜인이가 되기를 기대한단다. 아빠는 혜인이가 능히 이 일을 잘 해낼 거라 분명히 믿고 확신하지. 왜냐하면, 혜인이는 하나님이 아주아주 사랑하기 때문이며, 혜인이가 이 사실을 알고 있기 때문이란다.
  혜인이의 열 번째 생일을 다시 한번 축하하며, 즐겁고 유익한 생일날이 되기를 바란단다. 아빠도 오늘 학교에 일이 있어 갔다가 혜인이가 좋아하는 맛있는 저녁을 사주려고 빨리 달려 왔단다.
  오늘 생일을 맞이한 우리집 재롱둥이며 귀염둥이에게 아낌없는 사랑의 갈채를 보내며 생일편지를 접는다.
  언제나 하나님의 축복이 혜인이에게 충만하기를 기도드려요. 샬롬.

2003년 4월 27일
아빠 씀

문안 편지의 예

경애하는 카푸스 씨

 성탄절이 다가오는 이 때, 그리고 어느 때보다도 고독을 무겁게 짊어지고 계실 이 때, 저의 인사를 보냅니다. 고독이 크다는 것을 아시게 되면, 그것을 기뻐하십시오. 고독이란 오직 하나만 있을 뿐이며, 그것은 위대하여 가볍게 짊어질 수 없는 것입니다. 고독의 성장은 소년들이 커 가는 것같이 슬픈 것입니다. 그러나 그것에 정신을 잃어서는 안 됩니다. 필요한 것은 오직 내면적인 고독뿐입니다. 자기 속에 파고 들어 몇 시간이고 누구와도 만나지 않을 수가 있어야 합니다.

 경애하는 카푸스 씨, 당신이 불안한 삶을 이어 가시는 것은 하나님이 그분의 일을 시작하시는 데 필요한 것일지도 모른다는 경건한 기분으로 성탄절을 축하하십시오. 언제나 즐겁게 마음 편히 지내기를 빌며.

1903년 12월 23일
라이나 마리아 릴케가

초청 편지의 예

모시는 말씀

 금번 저희 학교에서는 제10회 <목련제>가 열립니다. 개교 10주년을 맞이하여 개최하는 이번 축제에는 여러 선생님들과 선배님들을 모시고, 축하 행사를 다음과 같이 개최하고자 하오니 바쁘시더라도 부디 오셔서 격려해 주시고 축하해 주시기를 바랍니다.

 일시 : 2003년 4월 10일 오후 5시
 장소 : 본교 대강당

2003년 4월 3일
목련고등학교 학생회 올림

제7장 작문의 실제 **197**

■■■ 주문 편지의 예 ■■■

귀사의 발전을 기원합니다.
귀사에서 발간한 책을 아래와 같이 주문하오니, 가급적 빠른 시일 안에 아래의 주소로 보내주시면 고맙겠습니다.

품명 : 우리말의 예절
수량 : 10부
보낼 곳 : 인천시 남구 용현동 253번지 7통 5반 김민호 앞

2003년 2월 5일
김 민 호

4) 봉투 쓰는 법

봉투는 세로 쓰기와 가로 쓰기가 있다. 현재 시중에서 판매하는 봉투는 규격봉투로 가로쓰기로 되어 있으나, 축하금이나 위로금을 전할 때에는 세로쓰기가 보편적이다. 그리고 축하금이나 위로금을 전달할 때에는 반드시 단자(單子)를 넣어서 그 품목을 적어야 한다. 자세한 것을 예로 보이면 다음과 같다.

(1) 일반적인 봉투 쓰기의 보기

보내는 사람
인천시 부평구 산곡 4동 294번지
　　박 지 인 올림
□□□ - □□□

　　　　　　　　　　받는 사람
　　　　　　　　　대전시 중구 유천동 323번지 234호
　　　　　　　　　　최 진 경 선생님 좌하
　　　　　　　　　　　□□□ - □□□

(2) 축하와 위로의 서식

■■ 봉투 쓰기의 보기 ■■

① 축하금

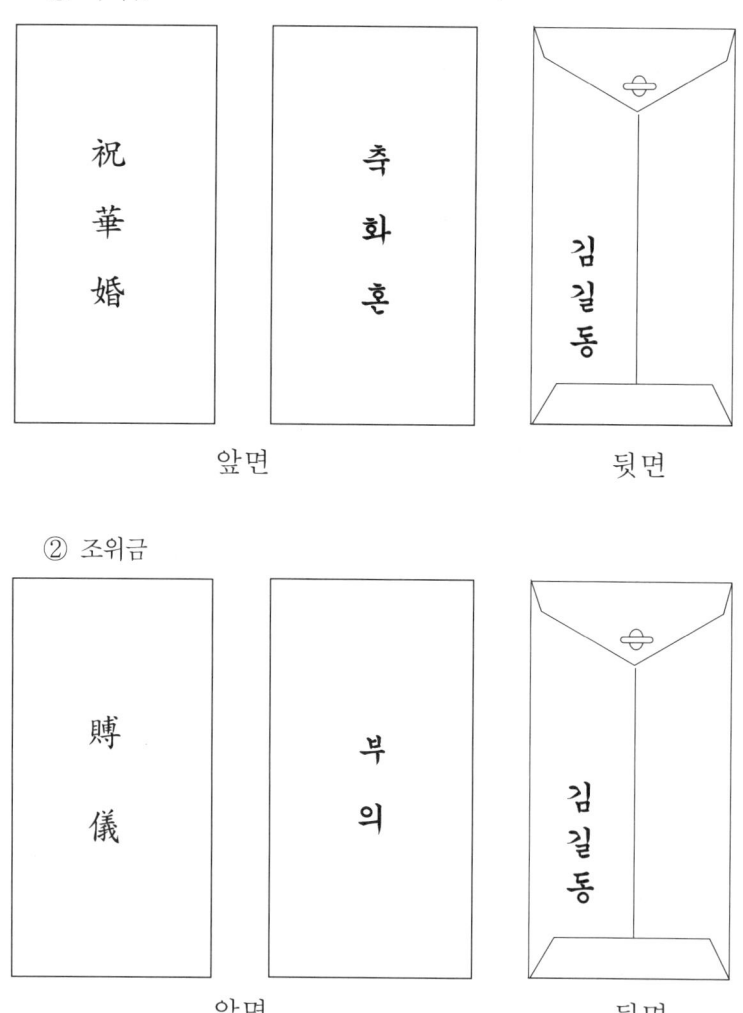

② 조위금

단자 쓰기의 보기

① 축하금

결혼을 진심으로 축하합니다

금 ○○ 원

○○○○년 ○월 ○일

김길동

祝 華婚

金 ○○ 원

○○○○年 ○月 ○日

김길동

② 조위금

삼가 조의를 표합니다

금 ○○ 원

○○○○년 ○월 ○일

김길동 근정

賻 儀

金 ○○ 원

○○○○年 ○月 ○日

김길동 謹呈

4. 일기문 쓰기

1) 일기문 성격

일기문은 한 개인의 독백적인 글로 일상 생활 안에서 하루의 일과 속에 자신에게 관련된 사건이나 느낌, 반성 등을 기록하는 글이다. 즉, 일기를 씀으로 인해 자신의 하루를 정리하고 반성하며 보다 나은 내일의 삶을 대비하는 자세이어야 하므로 자신의 발전을 가져올 뿐 아니라, 사회적인 발전에도 기여하게 된다. 따라서 일기는 하루의 일과를 순서적으로 기록하는 형식적인 글이 아니라, 자기 자신의 발전을 위한 글임을 잊지 말아야 한다.

2) 일기문의 특성

일기문은 하루의 삶을 반성하고 참된 삶을 영위해 나가는 습관적인 태도를 길러준다. 보고, 듣고, 느끼고, 반성하는 것들을 중심으로 쓰는 것이므로 예리한 관찰력과 논리적 사고력을 길러준다. 또한 자주 쓰다 보면 문장력이 향상되고, 글쓰기에도 자신감이 생긴다. 글쓰기는 수학이나 영어 공부와 유사한 면을 갖는다. 즉, 수학이나 영어 공부를 지속적으로 하지 않으면 그 맥이 끊어져 더 이상 발전할 수 없는 것과 마찬가지로 글쓰기도 꾸준히 하지 않으면 이전의 글쓰기 노력이 허사가 된다. 따라서 글쓰기의 특성 중 하나가 지속적으로 써야 하는데 이에 대한 대비로 일기를 쓰는 것은 아주 좋은 예가 되는 셈이다. 그리고 일기 쓰기는 한 개인의 생애와 역사를 남긴다. 자서전이나 전기는 곧 개인의 역사물이 되는 것으로, 그것은 일기가 바탕이 된다. 따라서, 일기는 먼 훗날 매우 소중한 생활의 자취가 될 것이다.

3) 일기문 지도의 유의점

일기문은 아침에 일어나 밤에 잠들 때까지의 하루의 일과를 시간적 추이에 따라 적는 글이 아님을 주지시켜야 한다. 다시 말해서 일기문은 하루의 삶 중에 가장 가치 있는 삶을 주제로 정해 느끼고 반성하고 다짐하는 진실된 글이어야 한다. 다음으로 일기문은 매일 쓰는 것을 원칙으로 하지만 억지로 무조건 매일 쓰도록 강요해서는 안 된다. 자칫 형식적인 일기문이 될 수 있기 때문에 하루의 일과를 기록해 두고 싶은 일이 있도록 지도하는 것이 필요하다. 그리고 일기문은 자기 혼자만이 보아야 한다는 사고 방식으로 비밀적이라고 생각할 수 있는데, 일기는 오히려 공개함으로써 개인의 작문 성장에 도움이 되는 학습임을 강조해야 한다. 더욱이 글쓰기 신장뿐만이 아니라, 교사와 급우들과 함께 자신이 쓴 일기에 대해 이야기 하고 문제를 해결할 수 있는 인간 관계의 유대에까지 신경 쓰도록 유도해야 한다.

4) 일기문의 형식

일기에는 개인의 기록을 적은 사적인 일기와 공적인 사무를 기록하는 공적인 일기로 구별된다. 공적 일기는 근무 일지, 작업 일지, 순찰 일지, 생산 일지, 학급 일지 등 일정한 양식이 있으므로 그 양식대로 기록하면 된다. 사적인 일기는 육아 일기, 독서 일기, 생활 일기, 관찰 일기, 실험 일기 등이 있으나 우리가 대체로 쓰는 일기는 생활 일기이므로 이에 대한 형식을 구체적으로 살펴보면 다음과 같다.

대개 날짜와 요일, 날씨 등을 기록하고, 하루의 생활 중에서 중요 사건을 중심으로 느낀 점과 반성할 점 등을 기록한다. 가끔 어떤 학생들은 매일 같이 쓸 거리가 없어서 일기를 못 쓴다고 한다. 또 오늘은 무엇을 써야 할지 모르겠다고 한다. 일기는 반복되는 사건을 쓰는 것이 아니라, 그 사건 속에서 느낀 점이나 반성할 점, 혹은 다짐할 것이 무엇인지를 쓰는 것이다. 따라서 일기를 쓸 때에는 주제를 선정하고 상황에 따라 주제문을 작성하는 것이 좋다. 사건을 통해 느낀 점과 반성할 점, 그리고 새롭게 다짐할 점 등을 적는 것이다.

■ 일기문의 예 ■

1941년 11월 13일 토요일
  기상 나팔 소리! 오늘이 토요일이다. 오늘은 옥중(獄中)이라 생각하지 말고 즐기자.
  한 주일이 가기는 가는구나! 옥중 세월인들 다르랴. 누가 붙잡아 맬 것인가!
  큰 집 지어서 한번도 열어 보지 못한… 또, 열게 돼 있지도 않은 컴컴한 창에서부터 두 폭으로 축 처진 검은 커튼을 양쪽으로 젖혀 놓았다. 금계산 꼭대기에 지지 못한 달이 창연히 비친다. 북창에 처음 보는 달이다. 꿈에 따라 가다가 어디선가 자는데, 누가 문에 쇠를 잠그고 갔구나! 한숨이 나서 더 바라볼 수 없다. 이 토요일 아침, 밖은 어떨까?
  낮은 평일처럼 가고, 밤에는 수의를 걸치고 팔짱을 꼈지만, 아랫도리는 허전하다. 콧등과 발가락이 벌써 시리다. 이 겨울을 어떻게 넘나? 같은 살갗인데 왜 얼굴보다 더 시릴까?
  이 붉은 옷하고는 언제나 친해질까? 자꾸 창백해지는 듯, 얼굴도 부은 것 같다. 벽도 죄스러운지 진땀이 흐른다. 운명의 이불이나마 덮고, 온감(溫感)이야 있건 없건 포근히 잠들고 싶다. 성령이 있으면 오늘밤에야 이 몸에 악몽이 안 오겠지.
  팔다리를 뻗다가 하마터면 큰 소릴 지를 뻔했다. 손에 닿는 건 아무것도 없다.
  아, 가자, 거침없이 떨어진 자처럼…
  낮은 베개 높이 베고…

<김광섭의 '옥중일기'에서>

감옥의 독방 속에서 하루의 일과는 매일 동일할 것이다. 그러나 그런 생활 속에서도 새롭게 보고 느끼는 글을 앞의 예문처럼 쓸 수 있다.

2003년 8월 14일 **몽골땅을 가슴에 품고**
  인천공항에서 3시간 만에 도착한 울란바토르는 한국의 가을날씨와 비슷하였다. 겨울에는 영하 40도까지 기온이 떨어질 정도니 지금이 가장 좋은 절기라는 생각이 든다. 몽골 국민은 전체가 250만 정도이며, 그 중 수도 울란바토르에 60만 정도가 모여 산다고 한다. 수도라 그런지 아파트촌이 형성되었지만, 곳곳에 몽골의 전통가옥인 겔의 모습도 보였다. 아직은 모든 것이 열악한 상황으로 기성 세대의 모습은 실의와 절망에 찌든 모습이었다. 특히, 술집이 빼곡히 들어서 대낮부터 술에 취해 비틀거리는 몽골인들의 모습에서 800년 전의 징기스칸의 위용은 찾아볼 수가 없었다.
  그러나 내가 방문한 몇몇 교회에서 만난 어린이들과 청소년들은 뭔가 기대감과 활기찬 모습을 가지고 있었다. 그들에게서 꿈과 비전을 발견하고 몽골의 앞날이 결코 어둡지 않음을 확인할 수 있었다. 나 역시 그곳에서 세계 교육선교의 비전을 갖게 되었고, 몽골에 중앙아시아를 겨냥한 한국언어문화연구원을 설치하겠다는 구체적인 언약을 확인하게 되었다. 따라서 이러한 큰 비전을 갖고 작은 일에 충성할 때, 엄청난 이 일을 능히 감당케 하실 것으로 믿는다.

2003년 8월 16일 **몽골의 푸른 초원**
  몽골에 도착한 날부터 내리기 시작한 비는 사흘째 계속이다. 원래 몽골땅에는 비가 잘 내리지 않는 곳으로 하수구 처리 시설이 제대로 되지 않아 시내 곳곳이 물난리다. 비가 오는 가운데 테레지(몽골 국립공원으로 푸른 초원 지대)로 이동하였다. 거의 2시간 30분만에 도착한 테레지는 텔레비전에서만 보던 푸른 초원 지대에 전통 가옥인 겔이 즐비하였다. 비를 맞으며 겔에 장작 난로를 지피고, 겨우 비가 그친 저녁무렵에야 말을 타고 푸른 초원을 달렸다. 몽골인의 기상을 가슴에 품고.

2003년 8월 17일 MIU 방문

250만 몽골인, 중국내 500만 몽골인, 시베리아지역의 110개 종족들, 중앙아시아지역, 그외 주변국가의 차세대 지도자를 그리스도의 사랑과 봉사로 양성하는 국제적인 대학교인 MIU는 몽골에서도 기대하는 바가 매우 크다. 이에 학교 당국은 자국민 스스로 기업을 만들어 갈 수 있는 능력을 갖출 수 있도록 기업 인큐베이터 시스템을 학교 내에 구축하고, 한국 벤처기업 등과 협력 기반을 조성해 국가 경쟁력을 향상시켜 나갈 것이다. 또한, 사회, 정치 등 각 분야의 지도자들을 재교육하여 이 곳을 거쳐간 많은 학생들이 몽골뿐만 아니라, 많은 소수민족들에게 진리와 사랑의 빛을 발할 수 있는 비전을 갖고 있다. 그간 MIU 후원회 일을 통해서 많은 관심을 갖고 있다가 막상 직접 방문해 보니 만감이 교차했다. 한국에서 모든 것을 포기하고 이들을 위해 달려온 많은 선교사들의 헌신을 보며, 무릎선교에서 교육선교의 비전을 보게 됨을 감사드린다.

<박덕유의 '일기' 중에서>

5. 기행문 쓰기

1) 기행문의 성격

반복되는 일상 생활 속에서 벗어나 대자연을 만끽하며 답답함과 스트레스를 해소할 수 있는 여행은 모든 사람들에게 새로운 활력소가 될 수 있다. 여행은 자신을 뒤돌아 볼 줄 아는 여유를 갖게 되며, 인생과 현실을 바라보는 시야를 넓힐 수 있다. 이에 학생들은 소풍이나 수학여행을 통해서 보고 듣고 느낀 점을 여행 일정에 따라 쓰게 되는 데 이를 기행문이라 한다. 이러한 기행문에는 여행한 곳의 자연 경관과 이에 대한 필자의 자연관 및 인생관이 담겨 있어야 한다. 특히 여행 일정과 과정이 자세하게 나타나야 한다. 그리고 기행문은 주로 묘사의 설명 방법으로 기술된다. 이는 여행하며 보고 들은 것을 생생하게 표현하기 위함이다.

2) 기행문의 유의점

우선 여행할 곳에 대해서 사전에 답사를 하거나 자료 수집을 통해서 그 곳에 대해 자세히 알아야 한다. 이는 기행문의 제재를 적절히 얻을 수 있기 때문이다. 그리고 여행하면서 항상 보고 느낀 점을 메모하는 것이 좋다. 그래야 나중에 잊어버리지 않는다. 또한 여행 과정이 비교적 잘 나타나야 한다. 즉 여행의 일정, 路程, 방법 등이 나타나야 한다. 또한 고장의 고유한 특징이나 풍속, 언어 등이 반영되어야 하며 客窓感이 드러나야 할 것이다. 그리고 기행문은 보고 듣고 느낀 점이 많으므로 그것을 적절하게 구성하는 개요를 짜서 쓰는 것이 좋다.

3) 기행문 작성 과정

먼저 여행 중에 얻은 제재를 수집하여 정리한다. 이 제재는 여행 전에 수집한 제재와 여행 중에 얻은 것, 그리고 여행 후에 생각나는 것 모두가 포함된다. 다음으로 정리된 제재를 적절히 안배하는 개요를 작성한다. 이 때, 출발시의 감흥과 여행을 마치고 돌아온 후의 느낌, 성과, 반성이 들어가는 것이 좋다. 이렇게 개요가 다 되었으면 글을 쓰기 시작하며, 마지막으로 퇴고를 한다.

■ 기행문의 예 ■

6월 24일, 신미(辛未)
아침부터 비가 조금씩 내리더니 하루종일 뿌리다 그치다 했다. 오후에 압록강을 건넜다. 삼십 리를 더 가서 구련성(九連城) 부근에서 노숙을 하였다. 밤에 큰 비가 쏟아지더니 금방 그쳤다. 여행 날짜가 매우 촉박하였지만 강물이 분 탓에 쉽사리 강을 건너지 못했다. 날씨가 맑게 갠 것도 어느덧 나흘이 되었지만, 강물의 기세가 더욱 성해져 나무와 돌들까지 둥둥 떠내려 갔고, 탁한 물결은 하늘과 맞닿은 듯했다. (중략)

> 무릇 이 강은 천하의 큰 물이기에 그 발원지가 한창 가물었는지 아니면 장마가 졌는지 천 리 밖에서는 예측하기 어려운 일이다. 하지만 지금 이 강물이 이렇듯 넘쳐흐르는 것을 보아 백두산의 장마를 가히 짐작할 수 있었다. 지금은 때마침 장마가 한창이어서 배를 댈 만한 곳을 발견할 수 없었고, 중류의 모래톱마저 찾아보기 힘들었다. 사공이 조금이라도 실수를 하여 물살에 휩쓸리면, 사람의 힘으로는 배를 되돌릴 수 없을 정도였다. (생략)
>
> 한밤중이 못 되어서 소나기가 억수 같이 퍼부었다. 위로는 장막이 새고 밑으로는 습기가 차오르니, 피할 곳이 없었다. 잠시 후 비가 개니 하늘에는 별이 총총히 떠서 손을 내밀어 어루만질 수도 있을 것 같았다. (후략)
>
> <박지원의 '열하일기'에서>

6. 식사문 쓰기

1) 식사문의 성격

式辭文은 기쁜 일이나 슬픈 일에 관련된 일종의 의식에서 말하기 위해 마련된 글로 축사, 기념사, 취임사, 퇴임사, 경축사, 환송사, 조사, 추도사 등을 들 수 있다. 한 개인이 청중 앞에서 말하는 화법상의 성격으로 내용과 발표법 모두 좋아야 하므로 식사문 쓰기에도 신경을 써야 한다.

2) 식사문 작성의 유의점

우선 어떤 성격의 의식인지를 염두에 두고 써야 한다. 기념식, 개교식, 졸업식, 환영식, 준공식, 결혼식 등 즐겁고 기쁜 일인지, 고별식, 퇴임식, 장례식, 추도식처럼 슬픈 일인지를 고려해서 작성해야 한다. 그리고 정중함과 감동을 줄 수 있는 글이어야 한다. 아무리 친한 사이라 하더라도 경박한 내용이나 농담조의 내용이나 공손하지 못한 표현은 하지 말아야 한다. 그리고 의식에 소요되는 시간을 고려해서 써야 한다. 너무 짧게 한다든지, 아니면 너무 길게 하여 의식 시간을 초과해서는 안 된다.

또한, 식사문은 예의를 갖추어 성의있게 써야 하며 어려운 한문투의 단어나 어구를 지양하고 쉬운 우리말을 쓰는 것이 좋으며, 너무 격식에 얽매이지 않도록 자연스럽게 써야 한다. 그리고 지나치게 과장된 표현도 삼가는 것이 좋으며, 말하고자 하는 의미가 분명히 드러나도록 써야 한다. 끝으로 너무 길게 쓰지 말아야 하며, 중언부언하지 않아야 한다.

3) 식사문 작성 과정

우선 치례(致禮)하는 말로 시작한다. 즉, 식에 참석한 내빈들께 감사의 표현을 하고, 자신이 이 자리에 서게 된 기쁨을 표시한다. 그리고 이 의식이 이루어지기까지의 의의와 경과를 나타낸다. 다음으로 식을 거행하게 된 이 자리에 대한 의의와 가치를 쓰고 앞으로의 의의와 축복을 쓴다. 끝으로 마무리하는 말과 인사를 한다.

4) 식사문의 종류

(1) 축사

축하의 뜻을 표현하는 글로 개인적으로 기쁜 날은 물론 민족·국가적으로 기쁜날을 축하하는 글이 축사이다. 따라서 어떤 의미의 축하인지를 말하고, 진심으로 우러나오는 축하의 글이 되어야 한다.

(2) 기념사

어떤 뜻깊은 날을 기념하는 것으로 민족·국가적으로 기념될 날을 맞아 그 뜻을 전하는 글이다. 또한, 결혼 기념일 등 개인적으로 기념될 만한 날 역시 기리고자 뜻을 표하는 글이다. 기념일의 역사적 과정과 가치 및 의의를 말하고, 그 외에 특별히 전하고 싶은 내용과 다짐의 의미가 포함되는 것이 좋다.

(3) 취임사
어떤 취임식에서 취임자가 행하는 인사의 말이다. 취임하게 된 기쁨과 감회를 말하고, 앞으로의 포부와 발전 방향을 밝힌다. 그리고 여러 사람들의 지도와 도움을 요하며, 전임자의 공로를 기리는 내용을 담는다.

(4) 퇴임사
퇴임식에서 퇴임자가 행하는 인사의 말이다. 퇴임하기까지 도와주고 이끌어 준 동료와 도움 준 이들에게 고마움을 전한다. 그리고 후임자와 더불어 더욱 발전하는 단체가 되기를 기원하며, 남은 분들에 대한 건강과 평안을 축원하는 것으로 맺는다.

(5) 조사
사람이 죽으면 조상(弔喪)하는 글로 죽음을 슬퍼하고 명복을 비는 글이다. 이는 장례식 석상에서 하는 조사와 주년(週年)에 애도하는 추념사(追念辭), 추도사(追悼辭) 등이 있다. 고인(故人)의 생시(生時)를 추억하여 두터웠던 정의(情誼)를 말하고, 생전의 공덕이나 업적을 드러내어 칭송하며 슬픈 감회를 적는다.

7. 이력서 쓰기

이력서는 자기 자신의 출생한 사실에서부터 현재까지의 학력, 경력, 상벌 등의 내력을 아주 간결하게 요약하여 기록한다. 특히, 허위로 작성해서는 안 될 것이다.
이에 이력서의 한 형식을 보이면 다음과 같다.

■■ 이력서 예 ■■

이 력 서

출 신 도 명 : 경기도　　　　　　　　성　　명 : 최진실(崔眞實)
생 년 월 일 : 1965년 5월 5일(만 39세)
주민등록번호 : 650505 - 2405412
본　　　　적 : 경기도 시흥군 소래면 대야리 757
현　주　소 : 서울시 양천구 목2동 231-107 솔빛촌 501호
호주와의관계 : 박상민의 장녀

학　력

1972.3.2. - 1978.2.14.	시흥 소래국민학교 졸업
1978.3.2. - 1981.2.16.	서울 솔빛중학교 졸업
1981.3.2. - 1984.2.12.	서울 솔빛고등학교 졸업
1984.3.5 - 1988.2.24.	한국대학교 사범대학 국어교육과 졸업(문학사)

경　력

1989.3.1. - 1998.2.28.	서울 솔빛중학교 교사
1998.3.1. - 2002.현재	인천 서해중학교 교사

상　벌

1988.2.24.	대학 졸업 수석(총장상)

위에 기록한 바는 사실과 다름이 없음을 확인하고 서약함.

2003년 8월 30일

최 진 실　인

8. 자기소개서 쓰기

1) 자기소개서의 개념과 의의

자신의 성명, 경력, 특성 등을 상대방에게 알리는 글로 가정환경, 성장과정, 학업 등을 통하여 그의 가치관, 인생관 등을 파악할 수 있다. 또한, 학교 생활, 동아리 활동 등을 통해서는 그 사람의 대인관계, 조직적응성, 성실성, 책임감, 창의성 등을 알 수 있다. 이렇게 자신을 소개한 글에는 그 사람의 성격, 사고력, 세계관, 필체, 언어능력, 지력 등이 반영된다. 따라서 자기소개서는 딱딱한 약식의 이력서보다 훨씬 더 중요하다. 즉, 이력서가 철골구조, 뼈 등에 비유됨으로써 형식적, 평면적, 일반적, 객관적이며 쓰기가 쉬운 반면에 자기소개서는 실내장식, 살에 비유됨으로써 무형식적, 입체적, 특정적, 주관적, 구체적이며 쓰기가 다소 어렵다.

2) 작성의 기본 요령

자기소개서는 원고지(200자) 4,5매 정도로 16절지 1페이지 정도로 간략하게 적는 것이 좋다. 작성시 요령은 최대한 간단 명료하게 써야 하며, 자신의 정직성, 개성이 드러나도록 설득력있게 쓰는 것이 좋다. 그리고 존비법은 자유이나 일관성을 유지해야 하며, 일반적인 이야기나 부정적인 인생관은 지양해야 한다. 또한, 상대방에게 자신의 가치관과 특성 등을 알리는 글이므로 지나친 수사법은 피하는 것이 좋다.

3) 형식과 내용

우선 제목을 쓴다. 이때 제목은 꼭 '자기소개서'라고만 쓸 필요는 없다. '○○회사를 지망하며' 등으로 써도 좋다. 다음으로 성명을 쓴다. 대개 자기의 이름을 맨 밑에다 쓰는 경우가 많은데, 상대방이 당사자의 이름을 미리 알고 읽는 것이 좋으므로 제목 아래에 쓰는 것이 좋다. 그 다음 내용별 번호 설정은 자유이나 번호를 구별하는 것이 좋다.

(1) 성장과정
성장과정은 연대기적으로 기술한다. 출생지, 출생연도, 가족사항, 가정환경, 가풍 등을 소개하며, 일반성은 피하고 독특한 체험이나 에피소드 등을 간략히 곁들인다.

(2) 학력과 경력
학교(초등, 중학, 고등, 대학)의 명칭, 군대생활에서의 부서, 직장 경력 및 부서 등을 기록하며, 수상한 것이나 특기사항을 쓴다. 특히, 대학은 조금 자세히 쓰는 것이 좋다. 학과명이나 전공생활, 전공 분야에 대한 선택 이유와 관심도 등 강한 의지와 설득력으로 표현한다.

(3) 특성, 취미, 장단점
자기 자신의 특기 사항을 제시한다. 따라서 학창시절에 두드러진 재능이나 자격증 등을 제시하는 것이 좋다. 그리고 자신의 장점을 쓰는 것은 좋지만 단점도 제시해야 한다. 물론, 단점보다는 장점을 많이 쓰는 것이 좋으며, 단점을 쓸 경우에는 가급적 그 극복 의지도 드러내는 것이 좋다.

(4) 입사지원 동기 및 계획
미리 신문이나 팜플릿, 사보, 안내서 등을 통해 그 기업체의 업종, 특성과 자기의 전공 및 희망 등을 연관시켜 입사동기 목적을 제시한다. 그리고 이미 입사했다고 가정하고 근무희망부서, 자기개발을 위한 구체적 계획, 각오 등을 강조하여 표현한다. 본문이 끝나면, 년, 월, 일 등을 쓴다.

【자기소개서 예문 1】

김 은 미

■ *성장과정 - 가족은 나의 힘!*

저는 2남 1녀 중 장녀로 자상하신 아버지와 어머니 사이에서 태어났습니다. 가족구성원은 모두 6명으로 현재 학업관계로 인천에서 공부하고 있지만 대전에서 외할머니와 부모님, 동생들과 살고 있습니다. 가족은 저를 지탱하는 힘입니다. 아버지가 저에게 친구 같은 존재라면, 어머니는 저의 나침반과 같은 존재입니다. 부모님의 역할이 다른 집과는 반대인데 오히려 그것이 저의 긍정적 성격을 형성하는 데 좋은 밑거름이 되었습니다. 부모님과 저에게 커다란 존재는 바로 저의 외할머니이십니다. 직장 일로 바쁘신 부모님의 빈자리를 채워 주셨고 사랑이 무엇인지를 가르쳐주신 분이십니다. 사람에게 있어 사랑이 중요하다는 것을 저는 가족을 통해 배웠습니다. 그렇기에 서툴지만 남을 사랑하는 방법을 압니다.

■ *성격 및 특성 - 절망을 희망으로!!*

어린 시절은 시골에서 자랐습니다. 학원이란 곳은 미술학원과 피아노학원이 전부인줄 알았습니다. 부모님은 항상 친구들과 어울리며 뛰어 노는 저를 좋아하셨고, 무슨 일이든 혼자의 힘으로 해결할 수 있도록 이끌어주셨습니다. 제가 첫째이다 보니 어쩌면 제 스스로가 저를 통제하고 다스렸던 것 같습니다. 그렇기에 굴곡 없는 길을 걸었고 그런 모습에서 저를 믿어주셨기에 저절로 책임감이 저의 성격에 자리 잡았습니다. 어찌 보면 보수적이라고 할 수 있겠지만 그런 모습과 함께 제가 하고자 하는 일에는 푹 빠질 정도의 정열과 열의도 지니고 있습니다.

무엇보다도 저의 성격 중에 가장 마음에 드는 것은 긍정적 사고를 지향한다는 점입니다. 아무리 큰 일이 닥쳐도 절망을 희망으로 바꿀 수 있는 힘이 있습니다. 그것이 바로 저의 최대 무기라 할 수 있습니다.

■ 앞으로의 계획 및 다짐 - 진정한 선생님을 꿈꾸며!!!

저는 항상 교단 앞에 서있는 저의 모습을 꿈꾸며 잠듭니다. 정확히 기억하진 못하지만 어릴 때부터 막연히 선생님이 되어야겠다고 생각했는데 그건 아마도 어머니의 영향이 컸던 것 같습니다. 어머니는 현재 초등학교에서 아이들을 가르치고 계십니다. 현명하시고 인자하신, 무엇보다도 아이들을 사랑하시는 어머니의 모습에서 저는 선생님을 동경해 왔습니다.

물론 그러한 어머니의 모습이 저를 교사의 길에 들어서게 했습니다. 저는 진정한 선생님이 되고 싶습니다. 아이들에게 사랑이 무엇인지를 알려주고 신뢰를 줄 수 있는 진정한 선생님이 되고 싶습니다. 그렇기에 저는 노력할 것이고 저의 꿈이 이루어지도록 최선을 다할 것입니다.

이번 기회를 통해 새삼 저를 돌아보게 되었습니다. 그리고 제가 나아가야 할 길을 다시 한번 생각해 보게 되었습니다. 제가 저의 꿈과 희망을 이룰 수 있게 도와주십시오.

2003년 7월 30일

【자기소개서 예문 2】

장 서 희

1. 성장과정

머나먼 지평선, 푸른 바닷가 파란 하늘, 넓게 깔린 반짝이는 상아색 모래밭, 생각만 해도 낭만적인 바닷마을 포항에서 저는 무남독녀로 태어났습니다. 여행을 좋아하시는 부모님 덕분에 산이며 강이며 여러 곳을 다닐 수 있었고, 그런 자연과 함께 하는 생활 속에서 '나눔과 섬김'이라는 가훈 아래 부모님께서는 항상 성실함과 책임감 그리고 봉사정신을 강조하셨습니다. 그래서인지 혼자 자라온 저였지만 항상 동생이 있을 것같다는 말을 많이 들어왔습니다.

2. 학력과 경력

아버지께서 서울로 발령이 나시면서 서울에서 남산초등학교를 졸업하고 서연 여자중학교에 들어갔습니다. 그 학교에는 무용 시간이 있어서 저를 무용의 길로 들어서게 한 중요한 시점이 되었습니다. 하지만 또다시 일산으로 이사를 가게 되어 전학할 수밖에 없었는데, 전학한 솔빛중학교에선 무용시간이 없어 무용전문학원에 다니게 되었습니다. 그곳에서 저는 좀더 무용에 대한 확실한 기초를 다지게 되면서 무용가의 꿈을 키워 나갔습니다. 그 후 같은 재단의 고등학교에 입학하면서 여러 번 사설대회와 대학 콩쿠르에 나가 경험도 쌓으며 상도 타게 되어 더욱 자신감이 생겼습니다.

학창시절부터 체육과 무용을 모두 좋아했던 저는 제 전공의 성격과 적성, 그리고 저의 가정형편 등을 고려하여 합리적인 선택을 해서 국립대학인 한국대학교 무용학과를 지원하게 되었습니다. 대학에 들어와 학과 동아리에서 무용에 대한 이론과 실기의 탐구를 통해 제 자신을 더욱 성장시켜 나갔으며, 나아가 평소 만화 그리기에 취미를 살려 만화 캐릭터 용품을 그려 판매하기도 하였습니다. 동아리 활동에 힘입어 무슨 일이든지 최선을 다하는 삶의 태도를 배울 수 있었습니다.

3. 특성 및 장단점

저의 특기는 발레이며, 취미는 음악감상 및 여행입니다. 동적인 면과 정적인 면의 조화를 위해 제 취미활동도 필요하다고 생각했습니다. 무용을 전공하다보니 무엇이든지 악착같이 하는 적극적인 면이 저의 장점입니다. 그리고 저는 맡은 일에 충실하고 어떤 분위기든지 잘 적응합니다. 반면에 리더십이 약하고 낯가림이 있어 친구들과 쉽게 친해지를 못합니다. 하지만 이런 단점들을 극복하기 위해 학과와 동아리 활동에서 최선을 다하고 있어 점차적으로 원만한 대인관계를 유지하고 있습니다.

4. 앞으로의 계획 및 다짐

언제부터인지는 잘 모르지만 무용은 제 삶의 선택이 아니라, 운명이라는 생각이 들었습니다. 제 자신의 역량이 완전하지 못하기에 대학 무용학과에서 좀더 체계화를 시켜 기초를 튼튼히 쌓아 많은 장르의 무용을 접하면서 제 자신이 전문화가 되도록 노력해 왔습니다. 실기뿐만 아니라, 이론 분야에도 관심을 갖고 열심히 공부했습니다. 제가 귀사의 무용단에 들어가고자 하는 것은 보다 더 많은 것을 배우고 익혀서 앞으로 한국 무용계의 후진 양성을 위해 남은 생애를 보내고 싶기 때문입니다. 제를 채용해 주신다면 항상 창조적인 정신과 열린 사고, 그리고 열정적인 노력으로 제 자신의 무대장치를 만들어 가는 한 과정으로 삼을 것입니다.

2003년 8월 30일

[자기소개서 예문 3]

이 영 미

1. 성장과정

저는 대구에서 3녀 중 막내로 태어나 부모님과 언니들의 귀여움과 사랑을 받으면서 자랐습니다. 공무원이신 아버지와 집안을 돌보는데 최선을 다하시는 어머니 덕택에 어릴 적부터 어려움 없는, 편안한 생활을 할 수 있었습니다. 어릴 적부터 어머니께서는 동화책이나 위인전, 문학전집 등의 책을 많이 읽도록 권해주셨습니다. 피아노와 미술을 배웠는데, 특히 피아노에 재미를 느꼈습니다. 무언가를 배울 때는 언제나 스스로 배우고 싶어서 부모님께 먼저 말씀 드리곤 했습니다. 어릴 적부터 지금까지 부모님은 공부를 강요하지 않으셨는데, 그것이 저에게는 더욱 긍정적으로 작용했다고 생각합니다.

2. 학력과 경력

초등학교~고등학교까지는 대구에서 다녔는데, 초등학교 때 처음으로 글짓기를 해보고는 재미를 느꼈고, 교·내외에서 각종 입상을 했습니다. 중·고등학교 때는 국어와 문학과목에 깊은 관심을 가지면서 국어선생님의 꿈을 키워나가기 시작했습니다. 제 꿈을 정하는 데는 무엇보다도 선생님들의 몫이 가장 컸습니다. 특히, 고2·3 때의 문학선생님은 교과서에 수록되지 않은 여러 문학작품도 소개해주셨고, 문학작품과 관련된 역사적 사실도 재밌게 얘기해주셨습니다. 그래서 저는 문학에 매력을 느꼈고 더 공부해보고 싶다는 생각을 했습니다. 대학 원서를 쓸 때까지도 저는 어떠한 직업을 가지고 싶다는 확고한 생각이 없었습니다. 지금의 국어교육과에 입학하게끔 인도해 준 장본인은 바로 문학선생님이십니다.

대학에 들어와서는 중·고등학교 때 적극적으로 해보지 못한 동아리를 통해 학과 선후배들과 더욱 친해지기도 했으며, 평소에 재미로만 읽던 소설책을 비평해보면서 소설에 대한 시각을 더욱 넓히는 소중한 경험을 했습니다. 또한 동아리장을 맡으면서 많은 시행착오도 겪었지만, 리더의 자리에서 사람들을 어떻게 이끌어나가야 하는지도 배울 수 있었습니다.

3. 특성 및 장단점

저는 정적인 것을 좋아하기 때문에 책을 읽거나 음악 듣는 것을 가장 좋아합니다. 그리고 어릴 적부터 피아노 연주하기를 좋아했기 때문에 지금도 가끔 피아노 앞에 앉곤 합니다. 제 장점은 낯선 사람들과도 자연스럽게 대화할 수 있으며, 무슨 일이든 꼼꼼하게 일을 처리하는 것입니다. 그러나 공식적인 자리에 서면 부끄럼을 타고 긴장을 해서 말을 매끄럽게 잘하지 못하는 단점도 있어 청중들 앞에서 말하는 법을 익히도록 화법 공부도 하며 이에 대해 앞으로 더 많은 노력을 기울일 것입니다.

4. 앞으로의 계획 및 다짐

아직 저에게는 교사상이 구체적으로 확립되어 있지는 않습니다. 하지만, 단순한 지식 전달보다는 학생들 입장에 서서 무언가 생각하고 느낄 수 있도록 가르칠 것입니다. 따라서 무엇을 배우기보다는 무엇을 생각했는가에 초점을 맞출 것입니다. 이러한 교사가 되기 위해서 보다 다양한 독서와 폭넓은 전공공부 등 대학생활을 가장 유익하게 보내도록 최선을 다할 것입니다.

2003년 11월 23일

참고문헌

교육부(1997), 국어과 교육 과정.
교육부(2001), 고등학교 교육과정 해설, 대한교과서주식회사.
구현정(2001), 대화의 기법, 경진문화사.
권영민(1997), 우리 문장 강의, 신구문화사.
김봉군(1980), 문장기술론, 삼영사.
김종택 외(1998), 화법의 이론과 실제, 정림사.
김진우(1994), 언어와 의사소통.
노대규(1996), 한국어의 입말과 글말, 국학자료원.
노명완 외(1988), 국어과 교육론, 갑을출판사.
박경현(2001) 리더의 화법, 삼영사.
朴德裕(1998a), 작문교육의 이론과 실제, 한국문화사.
_____(1998b), "쓰기 領域의 構成體制와 內容의 問題點", 語文硏究 100호, 韓國語文敎育硏究會.
박수자(1998), "쓰기 영역 교육과정의 내용", 국어교육 96, 한국국어교육연구회.
소만섭 역(2001), 언어화용론, 한국문화사.
윤희원(1994), 발표와 토론의 방법, 서울대출판부.
이은희(1998), "쓰기영역 교육과정의 교수학습 방법", 국어교육 97, 한국국어교육연구회.
이재승(1998), "쓰기과정에서 교정의 의미와 양상", 국어교육 97, 한국국어교육연구회.

李喆洙(1997), 言語學의 理解, 인하대학교출판부.
임영환 외(1996), 화법의 이론과 실제, 집문당.
임칠성 역(1995), 대인관계와 의사소통, 집문당.
이옥련·민현식 외(1996), 무슨 말을 어떻게 할 것인가, 숙명여대출판부.
이주행(1999), 방송화법, 역락.
이주행 외(2001), 삶을 함께 하는 화법, 동인출판.
이찬균 역(2003), 언어 커뮤니케이션, 한국문화사.
이창덕 외(2000), 삶과 화법, 박이정.
전영우(1998), 신국어화법론, 태학사.
정소영 역(1993), 내 마음의 벽, 도서출판 예수전도단.
정승혜 외(2000), 대학생을 위한 화법 강의, 태학사.
조선일보사·국립국어연구원 편(1991), 우리말의 예절 : 화법의 실제와 표준, 조선일보사
차배근(1988), 커뮤니케이션학 개론, 세영사.
Bloomfield, L.(1933), *Language*, New York, Holt, Rinehart & Winston.
Bradley, B. E.(1981), *Fundamentals of Speech Communication*, web.
Brigitte Schlieben Lange(1975), *Linguistische Pragmatik*, Kohlhammer Press.
Brown G, Yule(1983), *Discourse Analysis*, Cambridge University Press.
Bruce & Barbara Thompson(1989), *Walls of My Heart*, Crown Ministries International.
Charls A.(1922), *A Brief of the Chief Period in the History of Oratory*, Quartery Journal of Speech 8.
Donard Hargis(1996), *The First Course in Speech*, Speech Teacher 45.
Gazdar, G.(1979), *Paragmatics*, New York, Academic Press.
George Yule(1985), *The Study of Language*, Cambridge University Press.
Moore, R.(1956), *Effective Writing*, Crinehart & Company, Inc., New York.
Jakobson, R.(1960), "Linguistics and Poetics", Sebeok(ed.), *Style in language*,

Cambridge, Mass: MIT Press.

Rico, G.L.(1983), *Writing the Natural Way*, J.P. Tarcher Inc.

Ross, R. S.(1986), *Speech Communication-Fundamentals and Practice*, Prentice-hall.

Saussure, F.(1916), *Cours de linguistique generale*, Paris, Payot.

Vachek, J.(1973), *Written Language* : General Problems and Problems of English, The Hague, Mouton.

Wilson, D.(1975), *Presupposition and Non-Truth-Conditional Semantics*, London, Academic Press.

 찾아보기

ㄱ

가주제 119
간접 평가 방법 64
감사의 언어 41
감화적 표현 19
강조성의 원리 55
개념적 지식 50
개요 작성 132, 133
개요 작성의 요건 133
개요 작성의 필요성 132
개요의 종류 137
개요작성의 실제 138
개인면접 164
객관적 평가표 30
고유 명사 78
고쳐쓰기 57
공적 화법 16
공적인 일기 201
관계요소 14
관계층위 14
關語(上位的 語彙機能) 20
교수·학습 방법 27
구상 130
구상의 원리 117
구성 129, 130
구성의 방법 130

구성의 일반 원리 130
국어과 교육과정 11
국어생활 11
글쓰기 내용의 조직과 전개 54
글의 구성원리 55
긍정의 언어 40
기념사 207
기사문 쓰기 191
기사문 작성 요령 191
기사문의 성격 191
기사문의 요건 191
기행문 쓰기 204
기행문 작성 과정 205
기행문의 성격 204
기행문의 유의점 205

ㄴ

내용층위 14
내적 의사소통 13
논리적 구성 130
높임법 178

ㄷ

단독면접 164

단독적 화법 16
단자 쓰기 199
대량 의사소통 13
대인 의사소통 13
대중 매체 화법 15
대화 26
대화의 구조 147
대화의 단계 146
대화의 유의점 148
대화의 화제 145
대화화법 145
대화화법의 실제 148
동작언어 36
同綴異意語 101
된소리되기 97
띄어쓰기 75

ㅁ

만남과 헤어짐 184
말의 중요성 38
말의 효과 40
맞춤법 70
매체화법 16
메모 연설 169
면담 27
면접 164
면접 준비 165
면접의 유형 164
모둠별 수업 31
모둠별 평가표 31
모음 87
목적요소 14
묘사 연설 170

묵상언어 42
문병 182
문상 183
문자언어 38
문화 전수 기능 15
문화적 맥락의 화법 17

ㅂ

받침의 발음 92
범교과적 작문 46
변호화법 16
보고문 쓰기 187
보고문 작성 요령 188
보고문 작성시 유의 사항 187
보고문의 성격 187
보조 용언 77
봉투 쓰기 198
봉투 쓰는 법 197
부정의 언어 40
불평의 언어 41

ㅅ

사실논거 172
사이된소리 101
사적 화법 16
사적인 일기 201
사회 결합 기능 15
사회 조정과 결합의 수단 19
상관적 화법 16
상호 교섭 작용 15
생명의 언어 40
서간문 성격 193

서간문 쓰기 193
서간문의 요건 193
서간문의 형식 194
설득 연설 170
설명 연설 170
성격 차원 22
소개 181
소견논거 172
소리의 길이 90
소리의 동화 95
소리의 첨가 99
소재와 제재 122
소재와 주제 123
수단요소 14
수업의 실제 139
스키마 47
시범 연설 170
詩的 審美機能 21
시청각 화법 16
식사문 쓰기 206
식사문 작성 과정 207
식사문 작성의 유의점 206
식사문의 종류 297
신호언어 36
심포지엄 173
쓰기영역의 내용체계 48
쓰기의 본질 49
쓰기의 실제 49
쓰기의 원리 49
쓰기의 태도 49

■■ ㅇ ■■

야단의 언어 41

어간과 어미 70
어휘 선택 103
언어 예절 177
언어의 성격 36
연설 26, 166
연설 방식과 유형 168
연설의 성격 166
연설의 자료 171
연설의 준비와 구성요소 167
오락 기능 15
완곡어법 16
외래어 113
외래어 표기 114
요소 차원 22
원고 연설 169
圓卓 토의 174
위선의 언어 40
유음이의어 78
유의할 표준발음 101
육성화법 16
음성언어 38
의사소통 13
이력서 쓰기 208
이론 47
일관성의 원리 55
일기문 쓰기 200
일기문 지도의 유의점 201
일기문의 성격 200
일기문의 특성 200
일기문의 형식 201

■■ ㅈ ■■

자기소개서 쓰기 210

자기소개서의 개념과 의의　210
자료 수집의 선정 기준　126
자료의 수집　125
자료의 수집 방법　125
자료의 정리　127
자연적 구성　130
자유 토의　175
자음　85
자음과 모음　89
작문 기능의 특성　51
작문 내용의 선정　53
작문 능력　46
작문 능력 신장　46
작문의 개념　43
작문의 과정과 절차　52
작문의 내용　50
작문의 내용체계　49
작문의 목표　47
작문의 방법　58
작문의 본질　49
작문의 상황　52
작문의 성격　44
작문의 실제　45, 48, 51
작문의 원리　45, 49, 52
작문의 이론　49
작문의 태도　49
작문의 특성　45, 51
작문의 특성과 원리　51
작문의 평가　63
작성의 기본 요령　210
長短音　101
전문 용어　78
전자편지　186
전화　185

절차식 지식　50
접두사　73
접미사　71
정보전달의 연설　169
정서법의 원리　69
情緖的 表現機能　19
정확한 단어　102
제6차 교육과정　67
제6차 교육과정과의 차이점　65
제6차 국어과 교육과정　11
제7차 교육과정　67
제7차 국어과 교육과정　12
조사　208
조언　183
조직 의사소통　13
주제 설정의 기준　119
주제 설정의 방법　120
주제문의 작성　120
주제발표식면접　165
주제와 제목　124
주제의 설정　118
죽음의 언어　40
즉석식 연설　168
指令的 欲求機能　20
指示的 情報機能　19
직설화법　16
직접 평가 방법　64
진실의 언어　40
집단면접　164

■■■　大　■■■

참주제　119
청각적 화법　15

청자의 태도 26
총칙 89
축사 207
축하 181
취임사 208
親交(社交)的 狀況機能 20
친교화법 16
칭찬의 언어 41
칭찬화법 16

■■■ ㅌ ■■■

토론 27, 175
토론의 개념과 목적 175
토론의 요건 175
토론의 주요 규칙과 요소 176
토론의 특성 175
토의 26, 172
토의의 개념과 목적 172
토의의 유형 173
토의의 특성 173
통일성의 원리 55
퇴임사 208
특수 화법 16

■■■ ㅍ ■■■

패널 토의 174
평가 29
평가 목표 63
평가 방법 64

포럼 174
표준발음법 89
표준어 85
표현과 이해의 수단 18

■■■ ㅎ ■■■

합성어 73
형식과 내용 210
호소화법 16
화법의 개념 13, 15
화법의 기능 18, 23
화법의 내용체계 21
화법의 목표 18
화법의 본질 22, 23
화법의 사회·문화적 배경 25
화법의 성격 16
화법의 실제 18, 22, 26, 145
화법의 언어적 배경 24
화법의 예절 177
화법의 원리 22, 24
화법의 유형 24
화법의 이론 17
화법의 전략 22, 25
화법의 정의 23
화법의 종류 15
화법의 태도 22, 25
화자의 태도 25
환경 감시 기능 15
회의 176
효과적인 표현 56

저|자|소|개

박덕유(朴德裕)

인하대학교 사범대학 국어교육과 졸업
인하대학교 문과대학 국어국문학과 석·박사과정 수료(문학박사)
한국체육대학교 교양학부 교수 역임
현재, 인하대학교 사범대학 국어교육과 교수

저 서

國語의 動詞相 硏究(1998)
文法敎育論(공저, 1998)
動詞相의 이해(역, 1998)
中世國語 講解(1999)
문장론의 이해(2002)
文法敎育의 탐구(2002)

화법·작문 교육론

인 쇄	2003년 12월 20일
발 행	2003년 12월 30일
저 자	박덕유
펴낸이	이대현
편 집	조혜진
펴낸곳	도서출판 **역락** / 서울 성동구 성수2가 3동 301-80 (주)지시코 별관 3층(우133-835)

Tel 대표·영업 3409-2058 편집부 3409-2060 FAX 3409-2059
E-mail yk3888@kornet.net / youkrack@hanmail.net
등 록 1999년 4월 19일 제2-2803호

정 가 9,000원
ISBN 89-5556-259-4-93710

* 잘못된 책은 교환해 드립니다.

┌───┐
│ * 이 저서는 2003년도 인하대학교 저서발간 연구비 지원에 의하여 발간되었음·(INHA 30804). │
└───┘